박문각 공무원

특별판

합격까지 함께 **국어 만점 문법**

혜선쌤 전매특허 야매꼼수로 고효율 문법 공부!

출제 유력 문법을 단 40 포인트로 완벽 정리!

New 공무원 국어 문법+독해 결합형!

이 교재로 문법 소재 독해 지문 고민은 끝!

박혜선 편저

박혜선 국어
족집게 문법

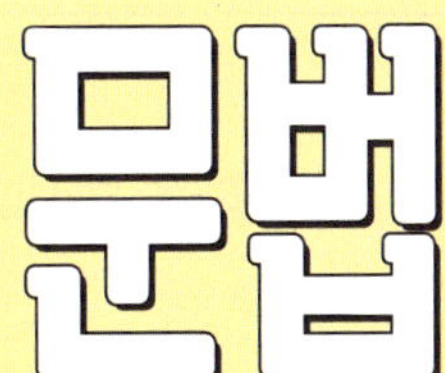

넘사벽 적중률로 수석 3연속 배출을 이룬
혜선 쌤이 亦功이들에게 선사하는!
족집게 문법 40 포인트!

과감하게 나오지 않을 부분은 제거하고
시험에 나올 출제자가 좋아하는 포인트만 정리한 최고의 요약서!
혜선 쌤의 야매, 꼼수가 함께 들어간 최고의 시그니처 요약서!

안녕하세요. 한창 공부에 열을 올리고 있을 亦功이들!
여러분들의 합격을 누구보다도 간절하게 기원하는 혜선 쌤입니다.

2025년의 출제 기조 변화로 이제 영역은 크게 독해, 논리 추론, 문법으로 줄게 되었습니다.
단순 암기가 줄어든 대신 종합적 사고력과 추론력을 요구하는 시험이 예정되어 있기에
그에 맞는 '족집게 문법 40 포인트'를 집필하게 되었습니다.

문법은 문법+독해 결합형에 나올 법한 최소한의 문법 이론과 최빈출 예시를 망라하여
출좋포 섹션에 정리하였습니다. 뿐만 아니라 수업에서 다루던 혜선 쌤만의 시그니처 야매 꼼수도 알차게
실어서 시험장에 들어가기 전에 뇌에 마지막으로 바를 수 있게 하였습니다.

첫째, '공문서 문장 고쳐 쓰기'는 20문제를 첫 번째로 여는 문제이기 때문에
반드시 亦功이들이 정복해야 하는 유형입니다.
국립국어원에서 배포한 '공공 언어 바로 쓰기'에 입각한 유형이기 때문에
이것이 잘 반영된 출좋포 교재를 통해 '공문서 문장 고쳐쓰기' 파트를 정복해 봅시다.

둘째, 문법 + 독해 결합형 문제는 총 3문제 출제되었습니다.
순수 문법 2문제(형태론, 언어의 본질),
어문 규정 1문제(표준 발음법의 이중모음의 발음)가 출제되었습니다.
그런데 이 문제들의 제시문을 보면 문법의 개념을 모르는 경우에는
제시문만 보고 추론하기가 어렵거나 시간이 매우 많이 걸리는 문제점이 있었습니다.
이것이 바로 우리가 문법 개념을 공부해야 하는 이유입니다.

"혜선 쌤만의 야매와 꼼수, 노하우가 들어간
족집게 문법 40 포인트로 짧지만 강력하게 국어 이론 단권화를 하세요."

2025년 7월 편저자

박혜선 惠旋

① 대표 亦功 최빈출

해당 챕터에 나올 확률이 가장 높은 최빈출 문법 예시들로 만든 문제입니다.

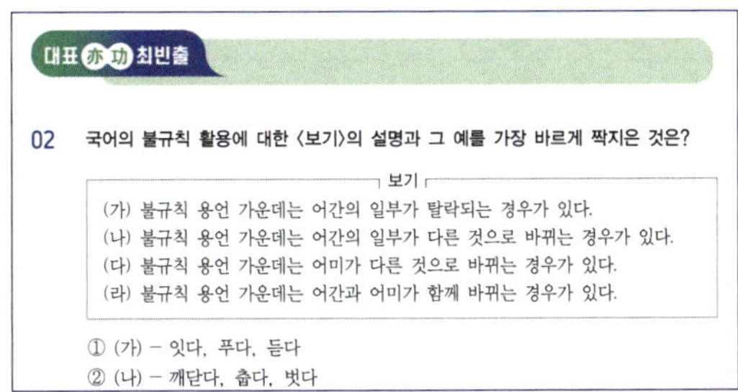

② 대표 亦功 최빈출 해설

독학까지 가능할 수 있도록 대표 亦功 최빈출 아래에 해설을 해놓음으로써 바로 회독이 가능할 수 있게 만들었습니다

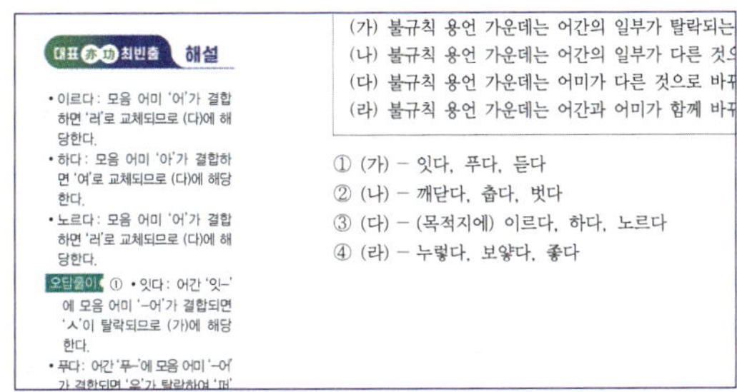

③ 관련 교재 (이론 / 문풀)

지금까지 들었던 이론서, 문풀서의 페이지를 기록하여 회독 시 참고하게 만들었습니다. 특히 약점 단원의 경우에는 이론서, 문풀서의 페이지로 가서 더 자세하게 학습할 수 있게 하였습니다.

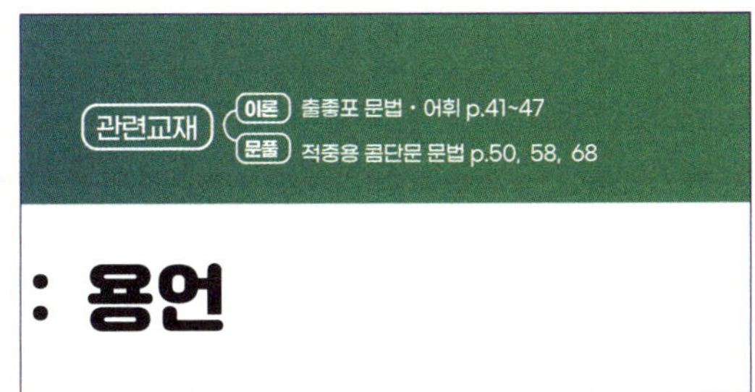

④ 뇌주름 새기는 亦功 시각화

문법+독해 결합형에 나올 수 있는 개념들을 마인드맵으로 시각화하여 뇌주름을 효과적으로 새기고, 핵심 개념을 인출할 수 있게 하였습니다.

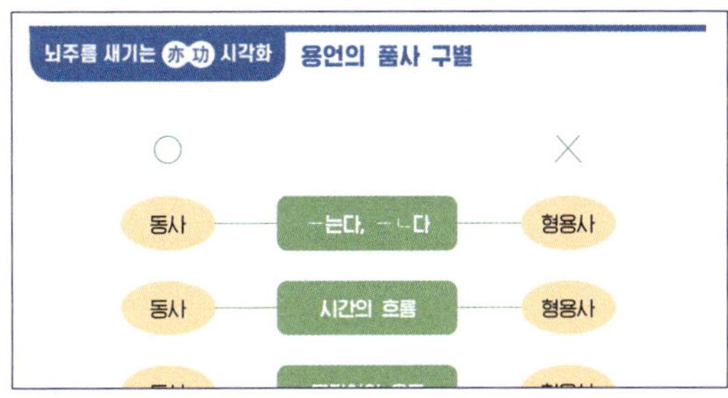

⑤ 출좋포

출제자들이 좋아하는 문법 포인트만 최소한으로 넣었습니다. 문법+독해 결합형으로 나올 법한 소재들의 최빈출 예시들을 학습할 수 있게 하여 실제 시험에서 빠르게 문제를 풀 수 있게 하였습니다.

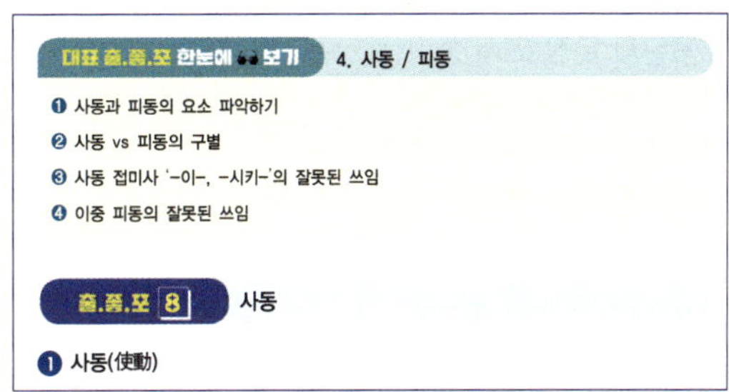

⑥ 혜선 쌤의 야매 꼼수

혜선 쌤의 회심의 치트키! 역공이들이 가장 사랑하는 야매 꼼수들을 기록하여 복습 시에도 야매 꼼수가 생각나 자신의 것으로 만들 수 있도록 하는 역공이들의 최애 섹션입니다.

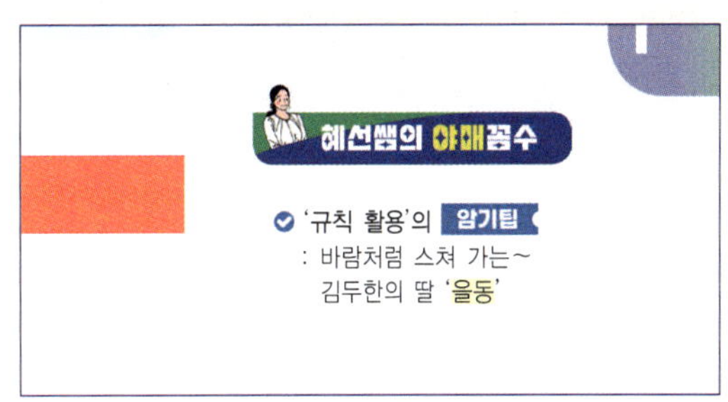

1 만점 출종포

혜선 쌤만의 야매꼼수가 머릿속에 콕콕 박혀서 복습할 때마다 교수님 목소리가 머리에 맴돌아요!

안녕하세요. 박혜선 교수님 강의를 듣고 있는 학생입니다. 작년에 유튜브로 지방직 해설해 주시는 강의를 보고 너무 쉽고 자세하게 가르쳐주셔서 박혜선 교수님 강의를 들어야겠다 생각했어요. 저는 학교 다닐 때부터 국어를 단 한 번도 재밌다고 생각해 본 적이 없는데 교수님 강의를 듣고 나서 생각이 바뀌었습니다. 진짜 자세하게 설명해 주시고 중간중간 썰 푸시는 것도 너무 웃기고 야매꼼수 알려 주시는 것도 머리에 쏙쏙 박혀서 복습할 때마다 교수님 목소리가 머리에 맴돌아요!! 교수님 수업을 처음부터 들었다면 100점을 받았을 텐데 늦게 알게 돼서 아쉬운 마음뿐…. 강의로 알려주신 내용 다 잊지 않고 열심히 공부해서 내년에 국어 100점 맞도록 하겠습니다. 너무 감사드립니당♥♥♥

+ 아 그리고 논리 추론 명제 파트 헷갈리고 어려웠는데 꼼꼼한 설명과 문제풀이 감사드립니다!! 덕분에 명제 문제 푸는 게 재밌어요^^

김*림

2 천기누설 논리 추론

논리 추론과 문제풀이 커리로 넘어오면서 더 많은 야매꼼수가 쏟아지는 것 같습니다.

논리 추론을 풀면서 교재가 참 좋다고 느꼈습니다. 문제도 풀다 보니 재미있다고 느꼈고 여러 유형을 넣어 놓으셔서 철저하게 대비가 되는 거 같습니다. 해설도 문제 옆에 이해하기 쉽게 논리 기호로 표시되어 있어서 이해가 잘 갑니다! 박혜선 선생님의 강의를 들으면서 4시간이 금방 지나는 것 같다고 느꼈습니다. 시간 분배를 잘해주시기도 하고 높은 텐션으로 수업을 진행하시다 보니 정신없이 듣다 보면 시간이 금방 갑니다. 그리고 야매꼼수가 도움이 많이 됩니다. 논리 추론과 문제풀이 커리로 넘어오면서 더 많은 야매꼼수가 쏟아지는 것 같습니다. 시간을 잘 줄이지 못해서 걱정이 많은데 야매꼼수로 시간을 많이 줄일 수 있어서 적용해 보는 연습을 열심히 하면 큰 도움이 될 것 같습니다. 또 학생들 의견을 잘 반영해 주셔서 정말 좋습니다! 선생님의 논리 추론 수업을 들으면서 논리 추론 문제에 대한 자신감이 많이 올랐습니다. 여러 문제를 풀면서 대비를 하면 시험 때 더 잘 풀 수 있을 것 같습니다. 논리 추론 문제에 어려움을 겪는 분들께 추천드립니다!

남*진

③ 천기누설 세트형 독해

혜선 쌤이 좋아서 강의를 꾸준히 들을 수 있어서 이 강의도 어렵지 않게 완강했어요.

늘 느끼는 거지만 교재에 실린 문제를 타이머로 시간 재서 풀게 해주시는 게 넘넘 좋습니다!! 동형모고 풀 때도 세트형 문제가 부담스럽지 않아졌고 점수도 잘 나와서 쌤 풀커리를 타고 있는데 아주아주 만족합니다! 요새 다른 과목 하느라 정신없는데 국어는 혜선 쌤 강의가 좋아서 국어 강의를 들을 때는 약간 힐링이 되고 저한테 나름 전략 과목이 된 것 같아요. 동형모의고사 1회차도 95점 맞았고 다른 사이트 모의고사도 풀어보는데 안정적으로 점수가 나와서 다른 과목도 열심히 할 수 있는 원동력을 얻고 있어요. 원래도 믿었지만 시험 치기 전까지 쌤을 전적으로 신뢰하고 따라갈 예정입니다…. 저는 재시생인데 국어 점수가 85점 정도였던 걸로 기억하고 90점 넘게 맞는 게 소원이었는데 혜선 쌤과 하다 보면 실제 시험 점수도 90점 돌파 가능할 것 같아서 용기가 나요!! 벌써부터 과한 자신감은 금물이지만 국어, 영어가 전과목 중에서도 제일 하는 만큼 점수가 나올까? 의구심이 드는 과목이었는데 공부하는 만큼 나오는 걸 알게 해주셔서 감사합니다.

조*인

④ 콤단문 문법

국어는 뭐니뭐니 해도 박혜선!

혜선 쌤의 콤단문 커리는 늘 언제나 정답입니다. 먼저 어떠한 문제가 어떻게 나오는지 바로 알 수 있습니다. 출제 기조가 전환이 된 부분들도 쌤이 그 형식에 맞추어서 문제를 만드셨기 때문에 전혀 시험 대비에 지장이 생기지 않습니다. 두 번째로 방대한 양의 기출을 1/3, 1/4 정도로 압축을 하셨기에 시간 면에서 훨씬 효율성이 좋아집니다. 이만큼 얇고 시간을 절약할 수 있는 교재는 없다고 생각합니다. 세 번째로 어렵고 난이도를 정해주시면서 직렬별로 맞추어 문제를 뽑아 볼 수 있습니다. 문제 하나하나마다 쌤이 어느 직렬에서 좋아하며 이 문제는 어느 직렬에서부터 나오고 현재 어디까지 나왔다 등등 상세한 서브 정보까지 하나하나 다 말씀을 해주십니다. 이러한 이유들로 혜선 쌤의 콤단문 강의와 교재가 너무 공시생에게 잘 맞으며, 하루하루 시험을 끝내는 날까지 시간과의 싸움인데 늘 시간을 체크할 수 있고, 문제와 패턴까지 알려주시기에 아주 강추합니다!

고*우

⑤ 콤단문 독해

당신도 독해 마스터가 될 수 있다!

결론부터 말씀드리자면, 혜선 쌤만 믿고 열심히 국어 공부하면 절대 후회할 일 없이 고득점을 맞을 수 있겠다는 생각이 저절로 들 정도로 대만족입니다!! 먼저, 11-12월에 진행하는 콤단문 독해 책을 처음 펼쳐봤을 때, 문제의 구성 자체가 굉장히 알차다고 느꼈습니다. 기존에 2024 대비 시험은 그동안 출제기조에 맞춰 기존 기출만 풀어도 충분했겠지만, 이제는 기존 문제만 풀 수 없으니 천지개벽하는 2025 시험에 맞춰 신유형에 발 빠르게 대처하는지를 중요하게 생각했는데 혜선 쌤이 열심히 밤을 새서 만드신 문제들은 인사혁신처에서 내준 1,2차 예시문제 기조에 맞춰 새로 추가된 공문서 작성부터 강화약화, 논리 추론, 까다로운 순서 배열과 문법 독해 결합형까지 없는 게 없어서 보다 폭넓은 대비가 가능했습니다. 덕분에 시험장에서 뭘 마주쳐도 당황하지 않을 자신감을 장착했습니다ㅎㅎㅎ 콤단문 독해는 단순히 문제 푸는 기계처럼 푸는 데 그치지 않고, 혜선 쌤만의 효율적인 풀이법을 제시한다는 점에서 큰 차별점이 있다고 생각합니다. 모두가 입 모아 얘기하겠지만 혜선 쌤의 가장 큰 장점은 뭐니뭐니 해도 [야매꼼수 스킬]이라고 생각합니다!!!! 문제를 푸는 시간을 진짜진짜 확실히 단축하고, 그렇다고 놓치는 내용 없이 중요한 핵심을 빠르게 파악하면서 해치울 수 있는 점이 정말 마음에 듭니다.

황*경

수석합격 릴레이 신화, '최단기 합격의 절대 공식'

박혜선 亦功국어 ♥ 2026년 만점 릴레이 커리큘럼 ♥

초시생을 위한 전체 커리큘럼

단계	강의 제목	수강 대상
1단계 (기초입문)	독해 신유형 공부(독해신공) 시작! 초보자들의 능력 up	국어가 많이 약한 공시생들 (필수는 아님. 수능 기준 6등급 이하 추천)
2단계 (올인원 필수 개념 완성)	만점 출종포 만점 출종포 문제 훈련	★★★ 초시생이라면 기본 이론 강의인 '만점 출종포'부터 들으시면 됩니다. (재시생이지만 기본부터 닦고 싶다면 '만점 출종포'부터 들으셔도 됩니다ㅏ^^)
3단계 (필수 기출 +예상문제 풀이)	논리추론 천기누설 혜선팍 논리추론 문법 천기누설 혜선팍 문법 독해 천기누설 혜선팍 독해	'만점 출종포' 완강 후 들으면 되는 각 영역 특화 기출+예상문제 풀이 강의
4단계 (모의고사, 압축 마무리)	족집게 적중 동형 모의고사 족집게 적중 노트	시험 직전 마지막 단계로 실전 동형 모의고사와 시험에 나올 적중 포인트들만 집중적으로 조지는 강의

Simple 그 자체, 재시생 을 위한 각 영역의 특화 커리큘럼

영역	강의명
신유형 **문법** 특화	이론+문제 풀이 천기누설 혜선팍 문법 야매꼼수 이론 특화 족집게 문법 40 포인트
신유형 **독해** 특화	이론+문제 풀이 천기누설 혜선팍 독해 독해 어휘력 UP! 천기누설 혜선팍 세트형 독해+어휘
신유형 **논리추론** 특화	이론+문제 풀이 천기누설 혜선팍 논리추론

감을 놓치지 않게 하는 Daily 문제 풀이

♥ 1주일에 1회씩 신유형 집중 문제 풀이	만점 릴레이 적중 하프
♥ 1일에 1회씩 신유형 집중 문제 풀이	스파르타 매일 합격 모의고사
♥ 문법+독해 결합형 강화, 약화 추론 등 신유형 집중 독해 문풀	주독야독 시즌 1, 2, 3

CONTENTS 이 책의 **차례**

PART 03 음운론

PART 04 어문 규정

박혜선 국어
족집게 문법 40 포인트

Chapter

01 단어의 형성

대표 亦功 최빈출

01 〈보기〉의 ㉠~㉣에 대한 설명으로 적절한 것은?

┌─ 보기 ─┐
- 그는 ㉠ 슬픔에 젖었다.
- 그는 그를 힘차게 ㉡ 밀쳤다.
- ㉢ 한겨울에 그녀가 찾아 왔다.
- 그는 은근하게 ㉣ 알부자이다.

① ㉠은 어근과 접미사의 결합으로 이루어진 파생어로 품사가 형용사에서 명사로 바뀌었다.
② ㉡은 문장 구조를 바꾸는 접미사가 사용되었다.
③ ㉢은 어근과 어근의 결합인 '관형사＋명사' 형태의 통사적 합성어이다.
④ ㉣은 어근과 어근의 결합인 '명사＋명사' 형태의 통사적 합성어이다.

대표 亦功 최빈출 **해설**

형용사 어근 '슬프-'에 명사 파생 접사 '-ㅁ'이 결합하여 명사가 되었으므로 품사가 형용사에서 명사로 바뀌었다는 것은 옳다.

오답풀이 ② '밀＋치＋었＋다'에서 접미사 '치'는 앞의 어근을 강조하는 접미사일 뿐 문장 구조를 바꾸지는 못한다. 접미사 '치'는 강조의 의미일 뿐이므로 없애도 된다.
③ '한창인'의 뜻을 더하는 접두사 '한-'과 어근 '겨울'의 결합이므로 '관형사＋명사' 형태의 통사적 합성어가 아니다. 파생어이다.
④ '알'은 '진짜, 알짜'의 뜻을 더하는 접두사이므로 '알부자'는 '명사＋명사' 형태의 통사적 합성어가 아니다. '알부자'는 '접두사＋어근' 형태의 파생어이다.

▶ ①

뇌주름 새기는 亦功 시각화 　단어의 형성

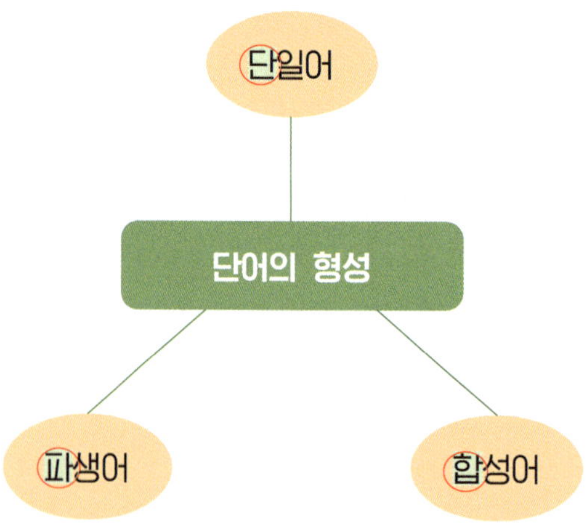

대표 출.좋.포 한눈에 👀 보기　　1. 단어의 형성

❶ 단일어, 파생어, 합성어 파악하기

❷ 접사의 기능 파악하기

❸ 합성어의 종류 파악하기

출.좋.포 1　단일어, 합성어, 파생어

❶ 단어의 종류

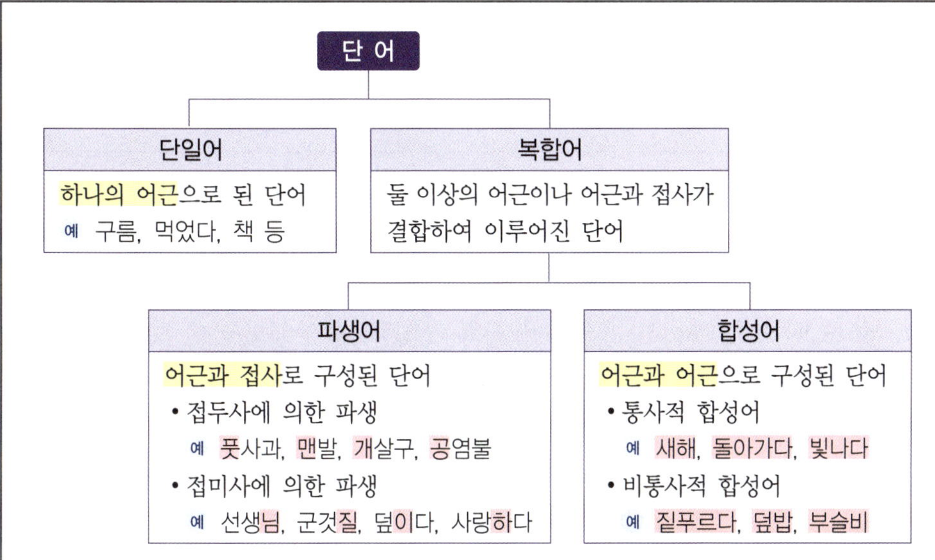

혜선쌤의 야매꿀수

✓ 접사의 기능
 : 품사 바꾸는지 확인하기

✓ 품사를 바꾸지 않는 접두사
 : 강–, 개–, 군–, 막–
 돌–, 들–, 뒤–, 되–
 덧–, 드/들–, 알–,
 날–, 짓–, 치– 풋–,
 한–, 헛–, 휘/휩–

✓ 품사를 바꾸지 않는 접미사
 : –님, –들, –꾼, –질,
 –쟁이, –둥이, –기, –치

✓ 품사를 바꾸는 접미사
 : –하–, –지–, –롭–,
 –스럽–, –답–,
 –(으)ㅁ, –기

✓ 문장 구조를 바꾸는 접미사
 : –이–, –하–, –리–, –가–,
 –우–, –구–, –추–,
 –이키–, –으키–,
 –애–, –시키–, –되–

02 〈보기1〉을 참고하여 〈보기2〉를 ㉠과 ㉡으로 잘 분류한 것은?

┌ 보기1 ┐

어근과 어근의 형식적 결합 방식에 따라 합성어를 나누어 볼 수 있다. 형식적 결합 방식이란 어근과 어근의 배열 방식이 국어의 정상적인 단어 배열 방식 즉 통사적 구성과 같고 다름을 고려한 것이다. 여기에는 합성어의 각 구성 성분들이 가지는 배열 방식이 국어의 정상적인 단어 배열법과 같은 ㉠'통사적 합성어'와 정상적인 배열 방식에 어긋나는 ㉡'비통사적 합성어'가 있다.

┌ 보기2 ┐

a. 논밭	b. 헐떡고개	c. 첫사랑
d. 그만두다	e. 늦더위	f. 짙푸르다

	㉠	㉡
①	a, e	b, c, d, f
②	a, b, e	c, d, f
③	a, c, d	b, e, f
④	b, e, f	a, c, d

㉠ 통사적 합성어
a. 논밭 : '논과 밭'의 '명사＋명사' 구성을 보이는 것은 정상적이다.
c. 첫사랑 : '관형사＋명사' 구성을 보이는 것은 정상적이다.
d. 그만두다 : 부사 '그만'＋동사 어근 '두다' 부사는 원래 동사, 형용사를 수식한다.
㉡ 비통사적 합성어
b. 헐떡고개 : 부사 '헐떡'이 명사 '고개'를 꾸미는 것은 비정상적이다.
e. 늦더위 : 관형사형 어미 '은'이 생략된 것은 비정상적이다.
f. 짙푸르다 : 연결 어미 '고'가 생략된 것은 비정상적이다.

➡ ③

합성어의 종류

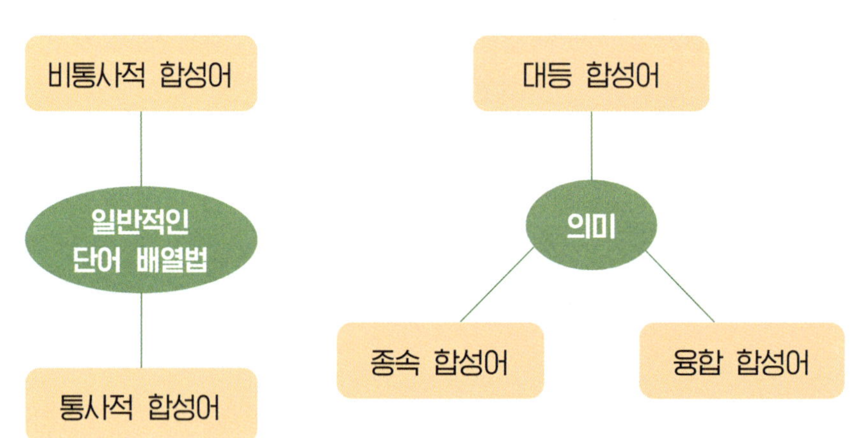

❷ 합성어의 종류

비통사적 합성어	개념		우리말의 일반적인 단어 배열법과 일치하지 않는 합성어
	예시	❶ ______ 생략	접칼, 덮밥, 늦잠, 곶감, 감발, 누비옷, 묵밭, 꺾쇠
		❷ ______ 생략	높푸르다, 오르내리다, 여닫다, 보살피다, 뛰놀다, 굳세다, 날뛰다, 돌보다, 굶주리다
		❸ _____+명사	살짝곰보, 보슬비, 척척박사, 딱딱새, 산들바람, 헐떡고개, 볼록거울, 흔들바위
		어순이 다른 한자어	독서(讀書), 급수(汲水), 등산(登山), 귀향(歸鄉) (일몰(日沒), 필승(必勝), 고서(古書)는 통사적 합성어)
통사적 합성어	개념		우리말의 일반적인 단어 배열법과 일치하는 합성어 통사적 구성과 일치하는 합성어
	예시	명사+명사	앞뒤, 돌다리, 할미꽃, 춘추, 논밭, 이슬비
		부사+부사	곧잘, 더욱더, 이리저리, 엎치락뒤치락, 죄다
		관형사+체언	새해, 온갖, 첫사랑, 한바탕, 새마을, 온종일, 뭇매
		부사+용언	잘나다, 그만두다, 못나다, 다시없다, 몹쓸(못+'쓰다'의 관형사형)
		❹ _____ 생략	빛(이)나다, 힘(이)들다, 본(을)받다, 꿈(과)같다, 앞(에)서다, 값(이)싸다, 맛(이)있다, 재미(가)없다, 선(을)보다, 애(를)쓰다, 손(에)쉽다
		연결 어미	돌아가다, 알아보다, 게을러빠지다, 뛰어가다, 들어가다, 약아빠지다, 찾아보다, 깎아지르다, 스며들다
		관형사형 어미	군밤, 작은언니, 어린이, 지은이, 작은집, 이른바, 쓸데없다(쓰+ㄹ+데+없+다), 보잘것없다(보+자+고+하+ㄹ+것+없+다)

출종포 정답

❶ 관형사형 어미 ❷ 연결 어미
❸ 부사 ❹ 조사

Chapter 02 품사의 구별 – 체언 : 대명사, 명사, 수사

대표 亦功 최빈출

01 다음 대화의 ㉠~㉤에 대한 설명으로 적절하지 않은 것은?

> 이진: 태민아, ㉠이것 읽어 봤니?
> 태민: 아니, ㉡그것은 아직 읽어 보지 못했어.
> 이진: 그렇구나. 이 책은 작가의 문체가 독특해서 읽어 볼 만해.
> 태민: 응, 꼭 읽어 볼게. 한 권 더 추천해 줄래?
> 이진: 그럼 ㉢저것은 어때? 한국 대중문화를 다양한 시각에서 다룬 재미있는 책이야.
> 태민: 그래, ㉣그것도 함께 읽어 볼게.
> 이진: (두 책을 들고 계산대로 간다.) 읽어 보겠다고 하니, 생일 선물로 ㉤이것 두 권 사 줄게.
> 태민: 고마워. 잘 읽을게.

① ㉠은 청자보다 화자에게, ㉡은 화자보다 청자에게 가까이 있는 대상을 가리킨다.
② ㉢은 화자보다 청자에게 멀리 있는 대상을 가리킨다.
③ ㉢과 ㉣은 같은 대상을 가리킨다.
④ ㉤은 ㉡과 ㉢ 모두를 가리킨다.

대표 亦功 최빈출 해설

㉢의 지시 대명사 '저것'은 화자와 청자 모두에게 멀리 있는 대상을 가리킬 때 쓰이므로 ②는 옳지 않다.

오답풀이 ① ㉠의 '이것'은 청자보다 화자에게 가까울 때 쓰는 지시 대명사이고 ㉡의 '그것'은 화자보다 청자에게 가까울 때 쓰는 지시 관형사이므로 옳다. (참고로 '이것'은 청자 '태민'이보다 화자 '이진'이에게 더 가까울 때, '그것'은 화자 '태민'이보다 청자 '이진'이에게 더 가까울 때 쓰인 것이다.)

③ 이진과 태민은 '한국 대중문화를 다양한 시각에서 다룬 재미있는 책'에 대해 대화하고 있으므로 '㉢ 저것'과 '㉣ 그것'은 같은 대상임을 알 수 있다.

④ '㉤ 이것' 뒤를 보면 '두 권'을 사 준다고 한다. 이를 통해 이들이 관심을 가진 '작가의 문체가 독특'한 책인 '㉡ 그것'과 '한국 대중문화를 다양한 시각에서 다룬 재미있는 책'인 '㉢ 저것'이 '㉤ 이것'을 가리킴을 알 수 있다.

▶▶ ②

뇌주름 새기는 亦功 시각화　품사 개관

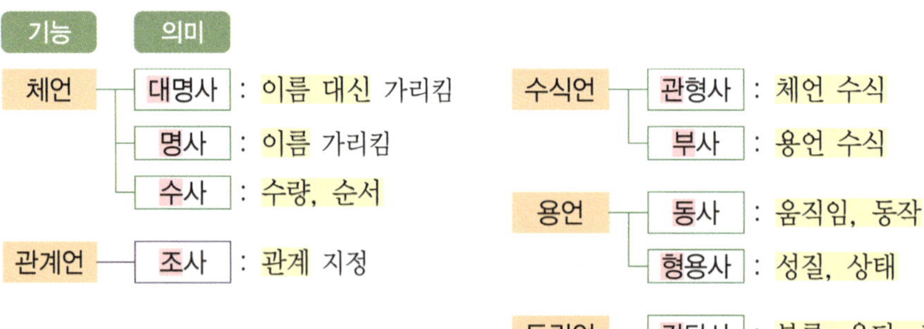

출.좋.포 2 품사와 체언

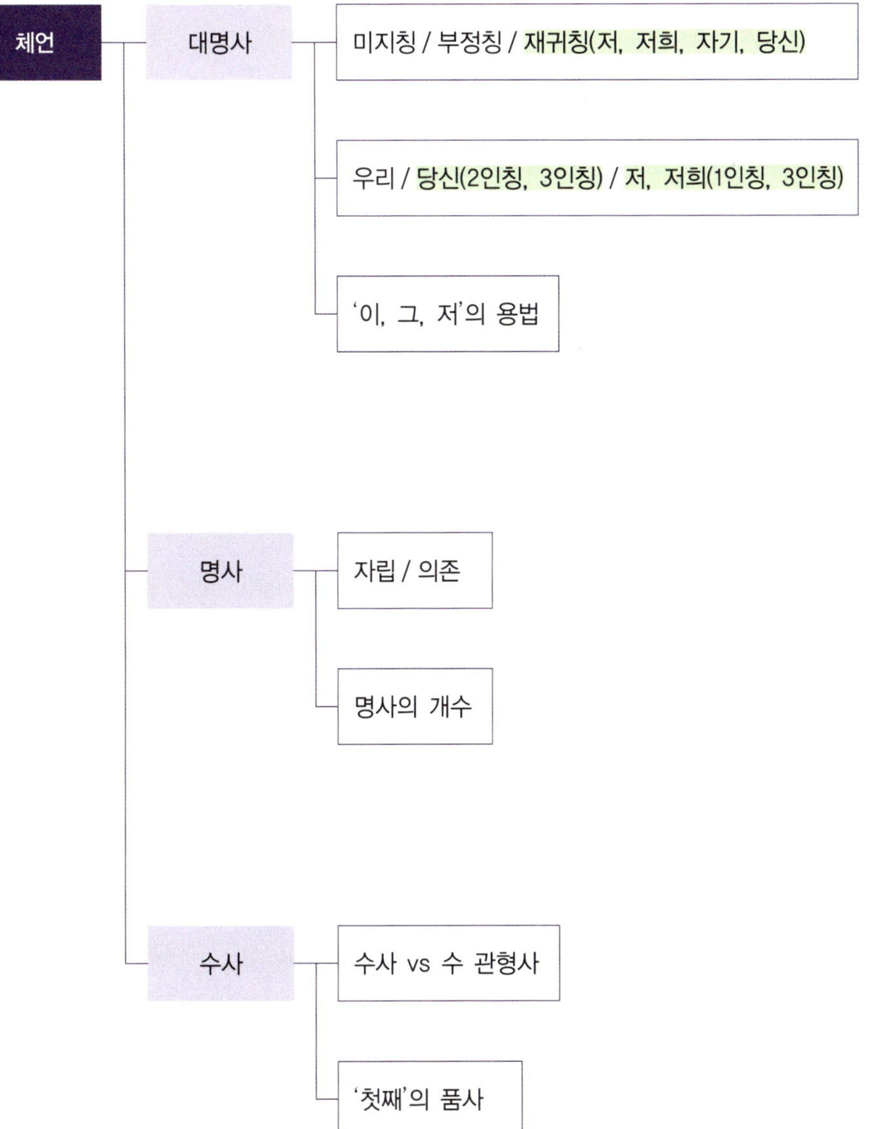

❷ 미지칭, 부정칭 구별법
: 'everybody(anybody)'
를 넣어 보기

❷ 수사, 수 관형사 구별 Tip
① 조사를 붙여 보기
② 뒤에 조사가 오면 수사
   뒤에 명사가 오면 수 관형사

Chapter 03 품사의 구별: 용언

대표 亦功 최빈출

01　밑줄 친 단어의 품사가 나머지 셋과 다른 것은?

① 할머니는 언제 이렇게 <u>늙으셨을까</u>.
② 노력했지만 아직 부족함이 <u>많다</u>.
③ 날이 <u>밝으면</u> 나를 찾아와라.
④ 박사는 이제 그를 조수로 <u>삼았네</u>.

뇌주름 새기는 亦功 시각화　용언의 품사 구별

○		×
동사	─는다, ─ㄴ다	형용사
동사	시간의 흐름	형용사
동사	목적어의 유무	형용사

대표 亦功 최빈출　해설

나머지는 '동사'이지만 '많다'는 형용사이다. '많다'는 언제나 형용사이다.

오답풀이　① '늙다'는 시간의 흐름이 전제되므로 언제나 동사이다.
③ 여기에서 '밝다'는 '날이 밝아오다'의 의미이므로 동사이다.
④ '박사는 이제 그를 조수로 삼는다'를 보면 현재 시제 선어말 어미 '─는─/─ㄴ─'이 붙을 수 있다. 따라서 동사이다. 별개로 목적어 '그를'이 있는 것을 통해서도 동사임을 알 수 있다.

▶ ②

출.좋.포 3 용언(동사 VS 형용사)

❶ 어미로 파악하는 동사와 형용사의 구별

기준
현재 시제 선어말 어미 : '❶______'(받침 뒤) / '❷______'(모음, ㄹ 뒤)
관형사형 어말 어미 : '❸______'(받침 뒤) / '❹______'(모음, ㄹ 뒤) 　　　　　　　　 예외) 있다, 없다
명령형 '❺______', '-세요' / 청유형 어미 '❻____', '-ㅂ시다'
목적, 의도의 어미 '-러, -려'
진행의 '-고 있다'

❷ 의미로 파악하는 동사와 형용사의 구별

(1) 무조건 나오는 동사

　늙다, 낡다, 맞다, 틀리다, 모자라다, 조심하다, 중시하다, 잘생기다(못생기다), 잘나다(못나다), -어지다, -어하다, 가물다

(2) 무조건 나오는 형용사

　없다, 많다, 젊다, 알맞다, 걸맞다, 부족하다, 칠칠하다

(3) '-지 아니하다, -지 못하다'의 경우에는 '아니하다, 못하다'의 품사는 앞의 본용언을 따라간다. '-기 하다'도 마찬가지.

(4) 동사와 형용사 통용

크다	동사	자라다, 성장하다
	형용사	'자라다, 성장하다' 이외의 의미
길다 (동음이의어)	동사	머리카락, 수염 따위가 자라다.
	형용사	'자라다' 이외의 의미
밝다	동사	밤이 지나고 환해지며 새날이 오다.
	형용사	'새날이 오다' 이외의 의미
있다	동사	① 사람이나 동물이 어느 곳에서 떠나거나 벗어나지 아니하고 머물다. 예 그는 내일 집에 있는다고 했다. ② 사람이 어떤 직장에 계속 다니다. 예 딴 데 한눈팔지 말고 그 직장에 그냥 있어라. ③ 사람이나 동물이 어떤 상태를 계속 유지하다. 예 떠들지 말고 얌전하게 있자. ④ 얼마의 시간이 경과하다. 예 앞으로 사흘만 있으면 추석이다.
	형용사	• 동사의 '있다' 이외의 의미 • 주로 '존재하다', '가지다(소유하다)', '재산이 풍족하다', '머무르는 상태이다', '어떠한 역할로 존재하다'의 의미를 갖는다. 예 나는 신이 있다고 믿는다, 기회가 있다, 모임이 있다, 그는 있는 집 자손이다, 그는 서울에 있다, 그는 철도청에 있다, 합격자 명단에는 내 이름도 있었다.
늦다	동사	정해진 때보다 지나다. 예 그는 약속 시간에 항상 늦는다, 그는 버스 시간에 늦어 못 갔다.
	형용사	① 기준이 되는 때보다 뒤져 있다. 예 시계가 오 분 늦게 간다. ② 시간이 알맞을 때를 지나 있다. 또는 시기가 한창인 때를 지나 있다. 예 우리 일행은 예정보다 늦게 도착했다. ③ 곡조, 동작 따위의 속도가 느리다. 예 발걸음이 늦다.

"동사"로 볼 수 있는 경우
① '-는다, -ㄴ다' 결합
② 시간의 흐름
③ 목적어

'~에 늦다'는 동사

고르다 (동음이의어)	동사	① 쓸 것이나 좋은 것을 가려내다. 예 며느릿감을 **골랐다**, 품질 좋은 과일로 **고르고 골랐다**. ② 울퉁불퉁한 것을 평평하게 하거나 들쭉날쭉한 것을 가지런하게 하다. 예 땅을 **고르다**. ③ 붓이나 악기의 줄, 숨 따위를 다듬거나 손질하다. 예 그는 가쁘게 몰아쉬던 숨을 **고르고** 있다.
	형용사	① 여럿이 다 높낮이, 크기, 양 따위의 차이가 없이 한결같다. 예 이익을 **고르게** 분배하다. 치아가 **고르다**. ② 상태가 정상적으로 순조롭다. 예 음정이 **고르다**.
너무하다	동사	비위에 거슬리는 말이나 행동을 도에 지나치게 하다. 예 해도 해도 **너무한다** 싶을 정도로 야박했다. 이렇게 밥을 많이 먹다니 정말 **너무하는** 노릇이었다. **너무하건** 말건 안 되는 것은 안 되는 것이네. ≪송기숙, 녹두 장군≫
	형용사	일정한 정도나 한계를 넘어 지나치다. 예 우리는 정말 폭염이 **너무하다** 싶었다. 이번 여름 이렇게 날이 덥다니 **너무하군**. 빙수 한 그릇에 만 원은 **너무하지** 않으냐고 사정사정했다. 동네에서 다 아는 처지에 정말 **너무하신** 처삽니다.
굳다	동사	① 무른 물질이 단단하게 되다('녹다'의 반대말). 예 기름이 **굳다**, 시멘트가 **굳다**. ② 근육이나 뼈마디가 뻣뻣하게 되다. 예 혀가 **굳어** 말이 잘 나오지 않는다. ③ 표정이나 태도 따위가 부드럽지 못하고 딱딱하여지다. 예 꾸지람을 듣자 그의 얼굴은 곧 **굳었다**. ④ 몸에 배어 버릇이 되다. 예 한번 말버릇이 **굳어** 버리면 여간해서 고치기 어렵다.
	형용사	① 누르는 자국이 나지 아니할 만큼 단단하다. 예 **굳은** 땅과 진 땅 ② 흔들리거나 바뀌지 아니할 만큼 힘이나 뜻이 강하다. 예 철석같이 **굳은** 결심 ③ 재물을 아끼고 지키는 성질이 있다. 예 그는 사람됨이 **굳고** 인색해서 남에게 함부로 돈을 빌려주는 법이 없다.

혜선쌤의 야매꿀수

◯ '고르다'가 동사인 경우
: 목적어가 있음

혜선쌤의 야매꿀수

◯ '굳다'가 동사인 경우
: 말랑말랑 → 딱딱
(시간의 흐름)

02 국어의 불규칙 활용에 대한 〈보기〉의 설명과 그 예를 가장 바르게 짝지은 것은?

┌─ 보기 ─┐

(가) 불규칙 용언 가운데는 어간의 일부가 탈락되는 경우가 있다.
(나) 불규칙 용언 가운데는 어간의 일부가 다른 것으로 바뀌는 경우가 있다.
(다) 불규칙 용언 가운데는 어미가 다른 것으로 바뀌는 경우가 있다.
(라) 불규칙 용언 가운데는 어간과 어미가 함께 바뀌는 경우가 있다.

① (가) – 잇다, 푸다, 듣다
② (나) – 깨닫다, 춥다, 벗다
③ (다) – (목적지에) 이르다, 하다, 노르다
④ (라) – 누렇다, 보얗다, 좋다

- **이르다**: 모음 어미 '어'가 결합하면 '러'로 교체되므로 (다)에 해당한다.
- **하다**: 모음 어미 '아'가 결합하면 '여'로 교체되므로 (다)에 해당한다.
- **노르다**: 모음 어미 '어'가 결합하면 '러'로 교체되므로 (다)에 해당한다.

오답풀이 ① • **잇다**: 어간 '잇-'에 모음 어미 '-어'가 결합되면 'ㅅ'이 탈락되므로 (가)에 해당한다.
- **푸다**: 어간 '푸-'에 모음 어미 '-어'가 결합되면 '우'가 탈락하여 '퍼'가 되므로 (가)에 해당한다.
- **듣다**: 어간 '듣-'에 모음 어미 '-어'가 결합되면 어간 'ㄷ'이 'ㄹ'로 교체되어 '들어'가 되므로 (나)에 해당한다.
② • **깨닫다**: 어간 '깨닫-'에 모음 어미 '-아'가 결합되면 어간 '깨닫-'의 'ㄷ'이 'ㄹ'로 바뀌어 '깨달아'가 되므로 (나)에 해당한다.
- **춥다**: 어간 '춥-'에 모음 어미 '-어'가 결합되면 어간 '춥-'의 'ㅂ'이 '우'로 바뀌어 '추워'가 되므로 (나)에 해당한다.
- **벗다**: 어간 '벗-'에 모음 어미 '-어'가 결합되면 어간 'ㅅ'이 '벗어'가 되는데 이는 규칙 활용이므로 어디에도 속하지 않는다.
④ • **누렇다**: 어간 '누렇-'에 모음 어미 '-어'가 결합되면 어간의 일부인 'ㅎ'이 없어지고 어미도 바뀌어 '누레'가 되므로 (라)에 해당한다.
- **보얗다**: 어간 '보얗-'에 모음 어미 '-아'가 결합되면 어간의 일부인 'ㅎ'이 없어지고 어미도 'ㅣ'로 바뀌어 '보얘'가 되므로 (라)에 해당한다.
- **좋다**: 모음 어미 '-아'가 결합되면 어간이나 어미가 바뀌지 않고 '좋아'가 되는 규칙 용언이므로 어디에도 속하지 않는다.

▶ ③

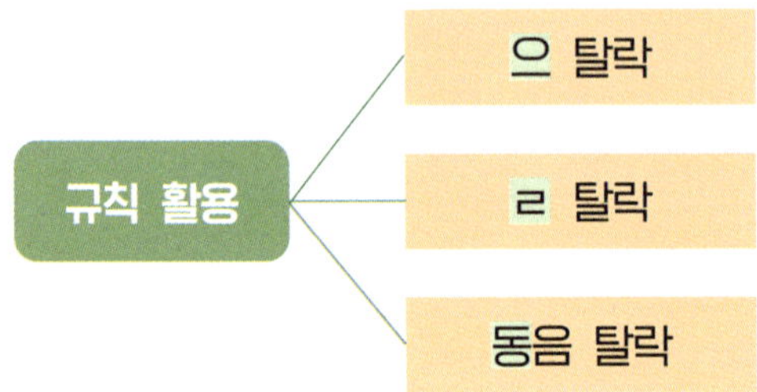

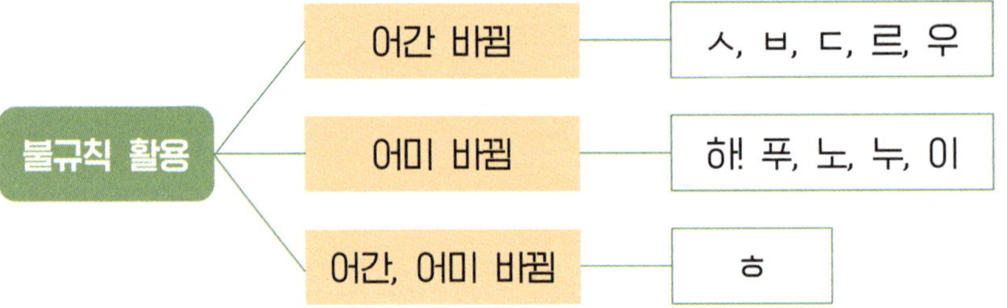

출.좋.포 4 용언의 활용 양상

❶ 규칙 활용

종류	내용	예
일반적 규칙 활용	용언이 활용할 때 어간이나 어미의 모습이 바뀌지 않음.	• 좋다 : 좋고, 좋아, 좋으니
'一' 탈락	어간의 끝이 '一' 모음일 때 모음으로 시작하는 어미와 결합하면서 '一'가 탈락함.	• 쓰다 : 써(쓰+어), 썼다(쓰+었+다) • 들르다 : 들러(들르+어), 들렀다(들르+었+다) • 치르다 : 치러(치르+어), 치렀다(치르+었+다) • 잠그다 : 잠가(잠그+아), 잠갔다(잠그+았+다) • 담그다 : 담가(담그+아), 담갔다(담그+았+다)
'ㄹ' 탈락	어간의 'ㄹ' 받침이 'ㅂ, ㅅ, ㄴ, ㄹ, 오' 등 특정 자음으로 시작하는 어미와 결합하면서 탈락함.	• 울다 : 웁니다(울+ㅂ니다), 우시니(울+시+니), 우는(울+는), 울수록(울+ㄹ수록), 우오(울+오)
동음 탈락	어간의 끝과 어미의 처음이 동음인 경우 하나가 탈락함.	• 파다 : 파(파+아), 파서(파+아서), 파도(파+아도) • 모자라다 : 모자라(모자라+아), 모자라서(모자라+아서) • 바라다 : 바라(바라+아), 바라서(바라+아서), 바라도(바라+아도)

✅ '규칙 활용'의 암기팁
: 바람처럼 스쳐 가는~
김두한의 딸 '을동'

✅ '一' 탈락 용언
: 들치 잠담
(들쥐 잔다)

❷ 불규칙 활용

- 자음 어미를 붙이면 ×
  꼭 모음 어미를 붙이기
  만만한 '어/아'

종류		내용	불규칙 용언	규칙 용언
어간 바뀜	'ㅅ' 불규칙	모음 어미 앞에서 탈락	• 붓 + 어 → 부어 • 짓 + 어 → 지어 • 낫다(勝, 癒), 잇다, 긋다	벗어, 씻어, 빗어, 웃어
	'ㅂ' 불규칙	모음 어미 앞에서 '오/우'로 변함.	• 굽(炙) + 어 → 구워 • 눕 + 어 → 누워 • 줍 + 어 → 주워 • 돕다, 덥다, 깁다, 춥다	잡아, 뽑아, 좁아, 씹어
	'ㄷ' 불규칙	모음 어미 앞에서 'ㄹ'로 변함.	• 싣 + 어 → 실어 • 붇 + 어 → 불어 • 걷(步) + 어 → 걸어 • 묻다(問), 듣다, 깨닫다, 눋다	묻어(埋), 얻어, 걷어
	'ㄹ' 불규칙	모음 어미 앞에서 'ㄹㄹ'로 변함.	• 빠르 + 아 → 빨라 • 이르 + 어 → 일러(謂, 早) • 부르다, 오르다, 바르다, 곧(올)바르다, 가파르다, 불사르다	따라, 치러
	'우' 불규칙	모음 어미 앞에서 'ㅜ' 탈락함.	• 푸 + 어 → 퍼 ('푸다'만 '우' 불규칙)	주어, 누어

- '우' 불규칙은 특히 중요
  : 우물물을 퍼~ ♪♪

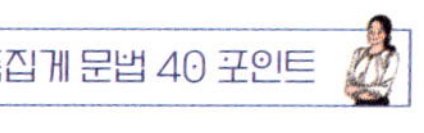

PART **1**

어미 바뀜	'여' 불규칙	모음 어미 '-아'가 '-여'로 변함.	• 공부하 + 아 → 공부하여 • '하다'와 '-하다'가 붙는 모든 용언	파 + 아 → 파
	'러' 불규칙	어미 '-어'가 '-러'로 변함.	• 푸르 + 어 → 푸르러 • 노르 + 어 → 노르러 • 누르 + 어 → 누르러 • 이르(至) + 어 → 이르러	치르 + 어 → 치러
어간 어미 바뀜	'ㅎ' 불규칙	'ㅎ'으로 끝나는 형용사 어간에 '-아/-어'가 오면 어간의 일부인 'ㅎ'이 없어지고 어미는 'ㅣ'로 변함.	• 하얗 + 아서 → 하얘서 • 파랗 + 아 → 파래 • 누렇 + 어지다 → 누레지다	좋 + 아서 → 좋아서 낳+은 → 낳은

혜선쌤의 야매꼼수

◎ 사실상, 용언의 불규칙은 어미 바뀜의 용언 딱 5개만 외우면 끝난다.

암기팁

하! 푸노누이
(쌀국수 먹고 살찐 혜선 쌤의 탄식)

◎ 어간·어미 바뀜의 용언은 이런 특징이 있다.

암기팁

'ㅎ'으로 끝나는 형용사
('좋다'는 제외)

대표 亦功 최빈출

03 밑줄 친 단어의 문법적 기능이 나머지 셋과 다른 하나는?

① 역공녀는 25살처럼 젊어 <u>보인다</u>.
② 나는 그 일을 잊지 <u>못했다</u>.
③ 우체국에서 학생들의 책을 부쳐 <u>주었다</u>.
④ 나도 그거 한번 먹어 <u>보자</u>.

대표 亦功 최빈출 해설

'역공녀는 25살처럼 젊다.＋(역공녀는 25살처럼) 보이다.'가 합쳐진 말이므로 본용언 '젊다'와 본용언 '보이다'가 합쳐진 것이다. 따라서 보조 용언이 결합되지 않은 것이라고 볼 수 있다.
보조 용언은 문장에서 생략해도 문맥의 뜻에 큰 영향을 끼치지 않는다.

오답풀이 나머지 밑줄 친 단어는 보조 용언이다. 보조 용언은 실질적인 의미 없이 본용언의 뜻을 더해주기만 한다.

② '-지 않다(＝아니하다), -지 못하다, -지 말다'는 부정 보조 용언이다. (참고로 '잊다'가 동사이므로 '못했다'의 품사는 동사이다.)

③ '-어 주다'는 '다른 사람을 위하여 어떤 행동을 함(봉사)'의 뜻을 가진 보조 용언이다.

④ '-어 보다'는 '시험 삼아서 함'의 뜻을 더하는 보조 용언이다.

▶ ①

뇌주름 새기는 亦功 시각화   **용언의 종류**

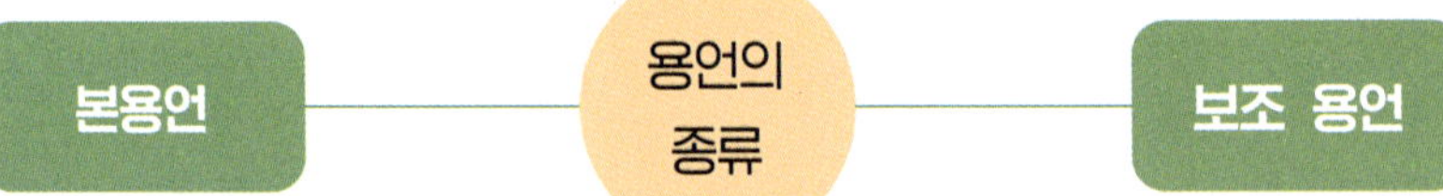

출.좋.포 5 용언의 종류(본용언과 보조 용언)

① 개념

> 철수가 **추운가 보다**. 날이 **밝아 왔다**. 비가 **올 듯하다**. 편지를 **부쳐 주었다**.
> 　　　　본　　보조　　　본　보조　　　본　보조　　　　　본　　보조

본용언	머릿속으로 **실질적인 뜻**을 생각할 수 있는 자립성이 있는 용언
보조 용언	본용언과 연결되어 **문법적 의미**를 보충하는 역할 (∴ 생략되어도 괜찮음.)

② 많이 출제되는 보조 용언의 품사

(1) 보조 형용사

추측	듯하다, 성싶다, 보다 예 비가 올 **듯하다**, 비가 올 **성싶다**, 비가 오려나 **보다**.
소망	(-고) 싶다 예 예쁘고 **싶다**, 살 빼고 **싶다**.
가능성	법하다, 뻔하다, 직하다, 만하다 예 그 답도 맞을 **법하다**, 그 답을 맞힐 **뻔하다**, 밥 먹었음 **직하다**, 밥을 먹었을 **만하다**.

(2) 보조 동사

유지	가지다(갖다), 두다, 놓다 예 돈을 받아 **가지고** 왔다. 이 기회에 잘 보아 **두어라**, 논을 갈아 **놓았다**.
당위	하다 예 반드시 합격해야 **한다**.
상태	있다, 계시다 예 의자에 앉아 **있다**, 할머니께서 앉아 **계시다**.
사동	하다 예 엄마가 아이가 밥을 먹게 **하였다**.
종결	나다, 내다, 버리다 예 일을 마치고 **나니** 상쾌하다, 일을 성공해 **내다**, 빵을 다 먹어 **버리다**.
꾸밈	척하다, 체하다, 양하다 예 죽은 **척하다**(= 체하다, 양하다)

- '본용언＋본용언 /
  본용언＋보조 용언'의 구별
  (1) **2개의 문장으로 분리되**
  는가?
  - 그는 나를 놀려 **대곤 했다**.
    : 분리될 수 없으므로 '대곤,
    했다'는 보조 용언이다.
  (2) **뒤의 용언이 정말 중심**
  적인 의미를 가지는가?
  - 날이 **밝아 왔다**.
    : '오다'는 중심적 의미
    인 '다리로 걸어 오다'의
    의미가 아니므로 '왔다'
    는 보조 용언이다.

- 보조 용언 '보다'의 품사
- 경험 → 동사
  예
  - 이야기를 들어 <u>보다</u>.
  - 일을 하다가 보면 요
    령이 생겨서 작업 속
    도가 빨라진다.
  - 이런 일을 당해 보지
    않은 사람은 내 심정
    을 모른다.
- 경험 X → 형용사
  예 식구들이 모두 집에 돌
    아왔나 <u>보다</u>.

Chapter ◆4

관계언 : 격 조사, 접속 조사, 보조사

대표 亦功 최빈출

01 국어의 조사에 대한 설명으로 가장 옳지 않은 것은?

① '에서'는 '학교에서 밥을 먹었다.'의 경우에는 부사격 조사이지만 '우리 학교에서 회의를 개최했다.'의 경우에는 주격 조사이다.

② '은/는'은 '기린은 풀을 먹었다.'의 경우에는 주격 조사이지만 '기린이 풀은 먹었다.'의 경우에는 보조사이다.

③ '이/가'는 '역공녀가 행복해 하였다'의 경우에는 주격 조사이지만 '역공녀는 돼지가 아니다'의 경우에는 보격 조사이다.

④ '와/과'는 '영희는 철수와 결혼했다'의 경우에는 부사격 조사이지만 '철수와 영희가 결혼했다'의 경우에는 접속 조사이다.

대표 亦功 최빈출　해설

'–은/–는'은 격을 지정하는 힘이 없으므로 격 조사가 아니라 항상 보조사이다. 앞의 말에 의미를 더해주는 역할을 하는 보조사일 뿐이다.

오답풀이 ① 주격 조사 '이/가'를 넣어보면 '에서'가 부사격 조사인지 주격 조사인지 알 수 있다. '학교에서'의 '–에서'는 장소나 공간을 의미하는 부사격 조사이다. 반면에 '우리 학교에서'의 '–에서'는 주격 조사 '이/가'를 대입하여도 말이 되므로 주격 조사이다.

③ '되다/아니다' 바로 앞에 '이/가'가 나오면 '이/가'는 보격 조사이다. 하지만 그것이 아니라면 '이/가'는 주격 조사이다. '아니다' 바로 앞의 '돼지가'는 보어이므로 '가'는 보격 조사이다.

④ 체언과 체언을 동등하게 연결하는 것은 접속 부사이므로 '철수와 영희가'의 '와'는 접속 조사이다. '철수와 결혼했다'를 보았을 때, '결혼하다'는 필수 부사어를 요구하는 서술어이므로 '철수와'의 '와'는 부사격 조사이다. (단, '철수와 영희가'의 '와'를 부사격 조사로 보는 견해도 있으나, 이미 ②번이 답이므로 자연스럽게 '와'는 접속 조사가 된다.)

▶ ②

뇌주름 새기는 亦功 시각화　조사의 종류

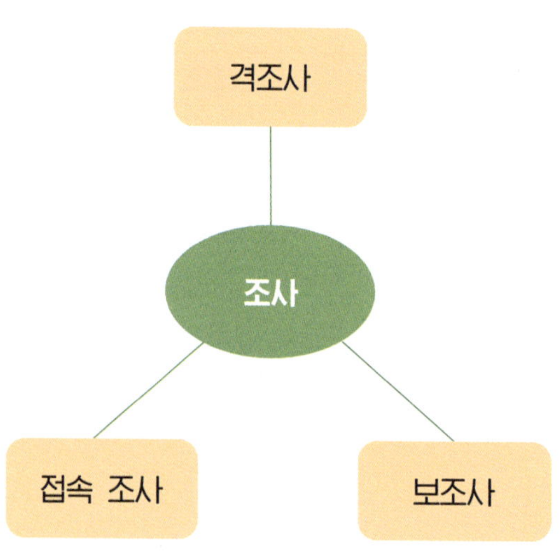

출.좀.포 6 — 격 조사 vs 접속 조사 vs 보조사

격 조사	개념	앞말에 자격을 부여해 주는 조사
	예	주격(이/가*, 께서, 에서*, 서) 목적격(을/를), 보격(이/가*), 서술격(이다), 관형격(의), 부사격[에(에서*, 에게), 으로, 와/과*], 호격(아/야)
접속 조사	개념	체언과 체언을 동등하게 연결하는 조사
	예	와/과*, 랑, 하고, 에
보조사	개념	앞말에 특별한 의미를 더해 주는 조사
	예	요*, 은/는, 도, 만, 부터, 까지

혜선쌤의 야매꿀수

❂ 주격 조사 '에서'
 : 주격 조사 '이/가' 넣어보기

❂ 외우기 골치 아픈
 부사격 조사
 : 혜선쌤의 영화 취향
 (에, 로, 와)

❂ 주격 조사 vs 보격 조사
 : 눈동자를 서술어로 보내기
 '되다, 아니다'가 있는가?

출.좀.포 7 — 대칭 서술어 : 접속 조사 '와/과' VS 부사격 조사 '와/과'

◉ 대칭 서술어란?

반드시 두 대상을 필요로 하는 서술어

예 닮다, 같다, 다르다, 비슷하다, 친구이다, 부부이다, 싸우다, 만나다, 마주치다 등등

❶ 무조건 부사격 조사인 경우 : 체언과 체언이 동등하게 연결되지 ×

예 포돌이가 포순이와 닮았다.

❷ 나머지 선택지에 따라 봐야 하는 경우

체언과 체언이 동등하게 연결 + 대칭 서술어

예 포돌이와 포순이가 닮았다.
 견해 1) 체언과 체언을 동등하게 연결하는 관점으로 보면 → 접속 조사
 견해 2) 필수 부사어 '포돌이와'를 생략할 수 없는 관점으로 보면 → 부사격 조사

2개의 견해가 되는
환경을 외우는 게 중요!

Chapter ◇5 수식언 : 관형사, 부사 / 독립언

대표 亦功 최빈출

01 밑줄 친 부분의 품사가 나머지와 다른 하나는?

① 철수는 <u>외딴</u> 학교로 발령이 났다.
② <u>허튼</u> 말을 하다가는 손목 날아간다.
③ <u>오랜</u> 세월 그는 행복하게 지냈다.
④ 철수는 <u>긴</u> 고민 끝에 결정을 내렸다.

02 밑줄 친 부사 중 기능상 분류가 나머지와 다른 하나는?

① 그딴 마음가짐으로 <u>과연</u> 잘 먹고 잘 살 수 있을까?
② 그 옷이 <u>정말</u> 그렇게 잘 팔렸는지는 알 수 없다.
③ 그녀는 집으로 <u>바로</u> 갔다.
④ 비난이나 반대는 무슨 일에나 <u>응당</u> 있는 일이다.

뇌주름 새기는 亦功 시각화

대표 亦功 최빈출 해설

01 '긴'은 형용사 어간 '길–'에 관형사형 어미 '–ㄴ'이 결합한 것이다. 어미는 품사를 결정하지 않는다. 따라서 '길–'은 형용사이므로 '긴'은 형용사이다.

오답풀이 '외딴, 허튼, 오랜'은 관형사이다.

▶ ④

02 '과연, 정말, 응당'은 바로 뒤의 문장을 수식하는 '문장 부사'이나 '바로'는 '성분 부사'이다. '바로'가 바로 뒤에 있는 서술어 '갔다.' 하나만 수식하고 있기 때문이다.

▶ ③

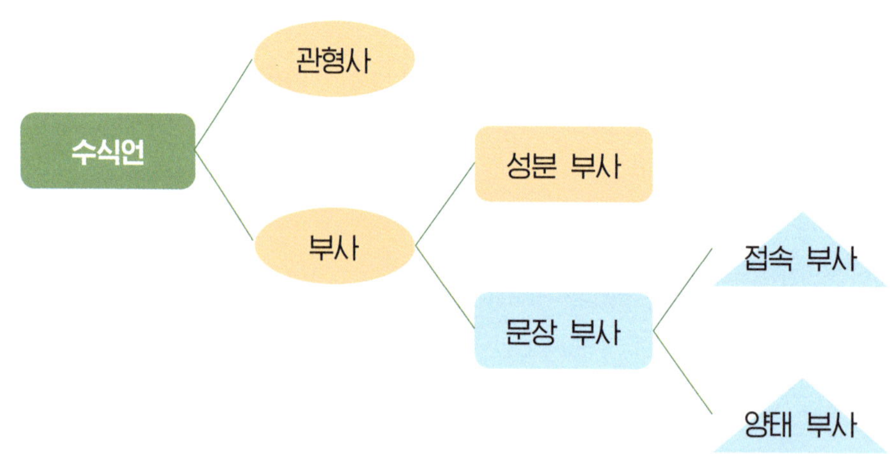

출.좋.포 **8**   관형사

❶ 관형사

<u>허</u>튼 말, <u>오</u>랜 경험, <u>온</u>갖(갖은) 일, <u>여</u>남은 명, <u>외</u>딴 학교, <u>어</u>느 사람,
<u>고얀</u> 녀석, <u>긴</u>긴 세월, <u>한</u>다하는 선비

⑴ 무조건 나오는 "−적(的)"

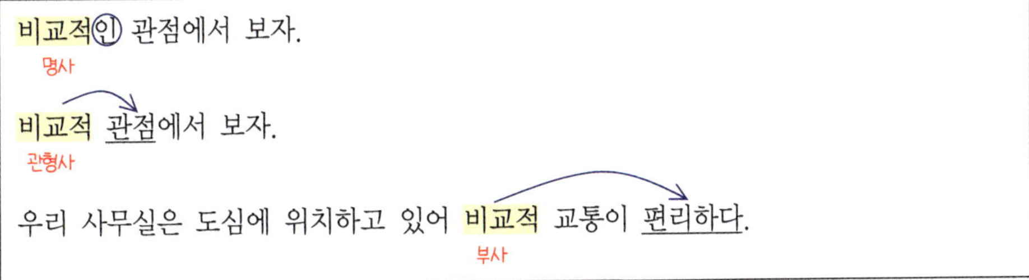

비교적<u>인</u> 관점에서 보자.
　　명사

비교적 <u>관점</u>에서 보자.
관형사

우리 사무실은 도심에 위치하고 있어 비교적 교통이 <u>편리하다.</u>
　　　　　　　　　　　　　　　부사

⑵ 무조건 나오는 "수 관형사 vs 수사"

셋째 학생이 사과 하나<u>를</u> 먹었다.
수 관형사　　　　　수사

⑶ 무조건 나오는 "관형사 vs 대명사"

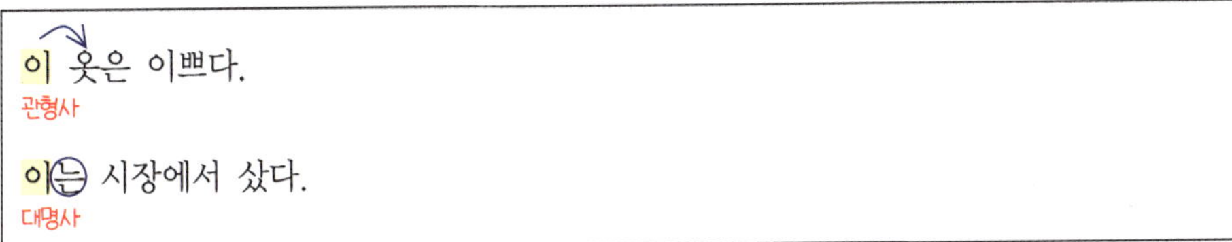

이 옷은 이쁘다.
관형사

이<u>는</u> 시장에서 샀다.
대명사

⑷ 무조건 나오는 "관형사 vs 용언의 관형사형"

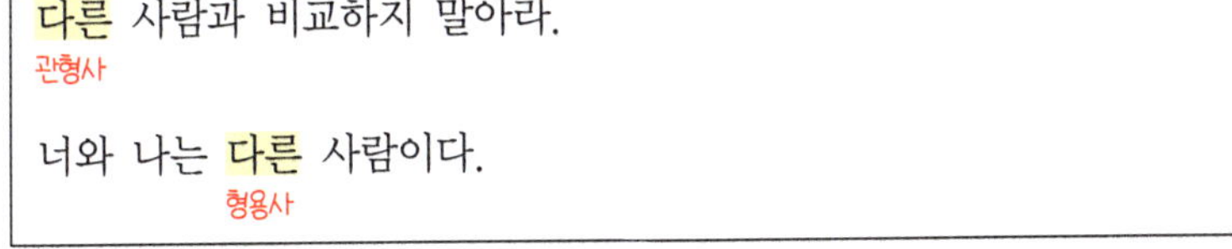

다른 사람과 비교하지 말아라.
관형사

너와 나는 다른 사람이다.
　　　　　형용사

❷ 부사

문장 부사 中
양태 부사 **암기팁**

: 설 제 과
부사어와 서술어의 호응

종류		내용	예
성분 부사 (한 성분 수식)	성상 부사	'어떻게'의 의미를 지님.	바로*, 정말, 매우, 아주, 잘, 자주
	지시 부사	앞에 나온 말을 지시함.	이리, 그리, 저리, 내일
	부정 부사	용언의 의미를 부정함.	안, 못
	의성 부사	사람이나 사물의 소리를 흉내 냄.	칙칙폭폭, 꽝꽝
	의태 부사	사람이나 사물의 모양이나 움직임을 흉내 냄.	펄럭펄럭, 까불까불
문장 부사 (문장 전체 수식)	양태 부사	화자의 다양한 심리적 태도를 나타냄.	설마, 제발, 과연, 의외로, 확실히, 다행히 응당(~해야 한다), 반드시(~해야 한다), 모름지기(~해야 한다), 결코(~이 아니다), 만약(~한다면), 아무리(~하여도), 정말
	접속 부사	단어와 단어, 문장과 문장을 이어 줌.	및*, 그리고, 그러나, 그런데, 그래서, 하지만

출.종.포 **9**   부사

❶ 부사 vs 부사형

✓ '-게'는 부사형 어미이므로 부사로 바꿀 수 없다.

✓ 접사 '-이'는 부사 파생 접미사이므로 부사로 만든다.

비행기가 빨리(높이) 날았다. / 비행기가 빠르게(높게) 날았다.
　　　　　부사　　　　　　　　　　　　형용사

❷ 부사 vs 명사

✓ 부사
: 용언을 수식하는지 확인하기

✓ 명사
: 조사가 결합되어 있는지 확인하기

내일(오늘) 보자. / 내일 시험은 잘 준비하고 있어? / 시험이 벌써 내일(오늘)이다.
　부사　　　　　　　명사　　　　　　　　　　　　　　　　　　명사

스스로 공부하는 습관을 들여라. / 스스로를 얽매어서는 안 된다.
　부사　　　　　　　　　　　　　　　명사

❸ 부사 vs 조사

같이 놀자. / 너같이 예쁜 여자는 처음이야!
부사   조사

보다 아름다운 사람이 있어! / 역공녀보다 아름다워!
부사   조사

❹ 부사 vs 대명사

언제 놀러올 거야? / 언제까지 가면 돼?
부사   대명사

❺ 명사를 수식하는 부사

*'바로, 오직, 겨우, 고작, 다만, 단지, 유독, 무려, 제일, 가장'
바로 너 / 오직 너 / 겨우(고작) 하루 / 다만(단지) 꿈 / 유독(제일, 가장) 미인

혜선쌤의 야매꿀수

- ✅ 부사
  : 용언을 수식하는지 확인하기
- ✅ 조사
  : 체언이 결합되어 있는지 확인하기

혜선쌤의 야매꿀수

- ✅ 대명사
  : 조사가 결합되어 있는지 확인하기

혜선쌤의 야매꿀수

'바로'가 100% 부사란 것만이라도 기억하기

출.좋.포 10   아니, 어디

❶ 아니

부사	「1」 ((용언 앞에 쓰여)) **부정이나 반대의 뜻**을 나타내는 말. 예 혜선 쌤은 밥을 **아니** 먹었다. 「2」 ((명사와 명사 사이에 쓰이거나, 문장과 문장 사이에 쓰여)) 어떤 사실을 더 **강조**할 때 쓰는 말. 예 나의 양심은 천만금, **아니** 억만금을 준다 해도 버릴 수 없다.
감탄사	「1」 아랫사람이나 대등한 관계에 있는 사람의 묻는 말에 부정하여 **대답**할 때 쓰는 말. 예 "잠자니?" "**아니**, 안 자." 「2」 **놀라거나 감탄스러울 때**, 또는 의아스러울 때 하는 말. 예 **아니**, 그럴 수가 있니? **아니**, 이게 어떻게 된 일이냐.

혜선쌤의 야매꿀수

- ✅ '감탄사'의 개념
  : **부름, 응답, 느낌**

❷ 어디

대명사	「1」 ((의문문에 쓰여)) 잘 모르는 어느 곳을 가리키는 지시 대명사. 예 학교가 **어디**냐? **어디**가 이장 댁이오? 「2」 가리키는 곳을 굳이 밝혀서 말하지 아니할 때 쓰는 지시 대명사. 예 **어디** 가 볼 데가 있다.
감탄사	「1」 남의 주의를 끌 때 쓰는 말. 예 **어디**, 네가 이번 시험에서 일 등을 한 학생이냐? 「2」 마음대로 되지 아니하여 딱한 사정이 있는 형편을 강조할 때 쓰는 말. 예 받기 싫어서가 아니라 **어디** 내 마음대로 되나요.

혜선쌤의 야매꿀수

'어디' 뒤에 아무것도 안 붙어 있다면 **부사격 조사 '에'**를 붙여 보기

Chapter ◆06
명사형 전성 어미 '(으)ㅁ/기' vs 명사 파생 접미사 '(으)ㅁ/기' 구별

대표 亦功 최빈출

01 다음 중 〈보기 1〉을 바탕으로 〈보기 2〉에 대해 탐구한 것 중에서 올바른 것은?

┌─ 보기 1 ─┐

'-ㅁ/-음'에 대하여
- **명사형 어미**: 동사의 어간 뒤에 붙어서 동사를 명사형이 되게 하는 역할을 한다. <u>동사의 명사형은 서술성이 있어 주어를 서술하며 품사가 변하지 않는다.</u> 앞에 부사적 표현이 쓰일 수 있다.
- **접미사**: 동사의 어간 뒤에 붙어서 동사를 명사로 파생시킨다. <u>파생된 명사는 서술성이 없으므로 앞에 부사적 표현이 쓰일 수 없고, 관형어가 올 수 있다.</u>

┌─ 보기 2 ─┐

ⓐ 그의 선조들은 불우한 <u>삶</u>을 살았다.
ⓑ 겨울이어서 노면에 <u>얼음</u>이 자주 얼었다.
ⓒ 달콤한 <u>잠¹</u>을 <u>잠²</u>은 그 때문이었다.
ⓓ 그는 '유화를 잘 <u>그림</u>'이라고 썼다.

① ⓐ의 '삶'의 '-ㅁ'은 명사형 어미이다.
② ⓑ의 '얼음'은 '얼다'라는 동사에서 파생된 명사이다.
③ ⓒ의 '잠¹'의 '-ㅁ'은 명사형 어미이고, '잠²'의 '-ㅁ'은 접미사이다.
④ ⓓ의 '그림'은 '잘'의 수식을 받으므로 '그림'의 '-ㅁ'은 접미사이다.

대표 亦功 최빈출　해설

'얼음' 사이에 과거 시제 선어말 어미를 넣었을 때 뜻이 통하는 것은 명사형이고, 뜻이 통하지 않는 것은 명사이다. '얼었음'이 자주 얼었다는 표현은 어색하므로 '얼음'은 명사이다. 여기에서 '-음'은 명사형 어미가 아니라 명사 파생 접사인 것이다.

오답풀이 ① ⓐ의 '삶'의 '-ㅁ'은 명사형 어미가 아니라 명사 파생 접사이다. 앞에 관형어 '불우한'의 꾸밈을 받는 것을 보면 '삶'은 명사이기 때문이다.

③ ⓒ의 '잠¹'의 '-ㅁ'은 명사형 어미가 아니라 명사 파생 접사이다. 관형어 '그러한'의 수식을 받으므로 '잠¹'은 명사형이 아니라 명사이다. '잠²'의 '-ㅁ'은 접미사가 아니라 명사형 어미이다. '달콤한 잠을 자다'처럼 서술성이 있기 때문에 동사의 명사형이라고 볼 수 있다. '잠²'에 부사 '자주'를 넣었을 때 말이 되는 것을 보면 '잠²'는 용언임을 알 수 있다.

④ 부사어 '잘'의 수식을 받으므로 '그림'의 '-ㅁ'은 접미사가 아니라 명사형 어미이다. '유화를 잘 그리다'처럼 서술성이 있으므로 여기에서의 '그림'은 명사가 아니라 동사의 명사형인 것이다.

▶ ②

뇌주름 새기는 亦功 시각화

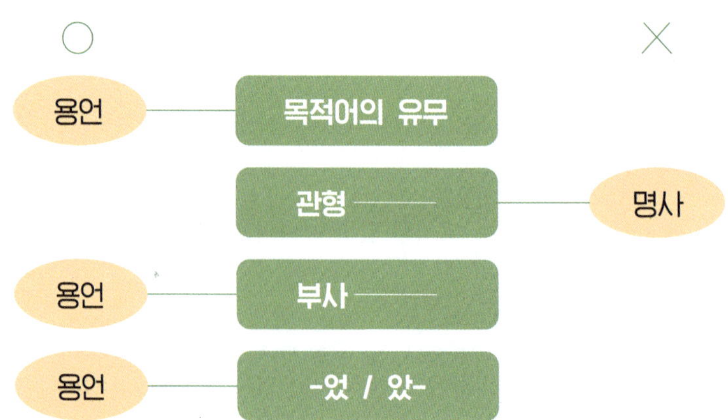

출.종.포 11 명사형 전성 어미 vs 명사 파생 접미사, '-(으)ㅁ/기' 구별하기

	용언 어간+명사형 전성 어미	어근+명사 파생 접미사
품사	동사, 형용사	명사
꾸밈	부사어 예 그는 '초상화를 잘 그림'이라고 썼다. 나는 집에 가기 싫다. 지난겨울에는 '온 가족이 함께 걷기' 대회에 참석했다.	관형어 예 그의 바람은 내가 건강해지는 것이었다. 그는 밤새 믿기지 않는 꿈을 꾸었다. 그가 걸어온 걸음은 사람들의 본보기가 되었다.
서술성	있음 [황금을 보다(목적어–서술어)] 예 황금을 보기를 돌같이 하라. 그녀가 꿈을 꿈은 그를 웃게 했다.	없음 [나의 죽다(×)] 예 나의 죽음을 적에게 알리지 마라.
선어말 어미 '었/았'	결합 가능 (태산이 높았음 ○) 예 태산이 높음을 사람들은 알지 못한다. 영희와는 달리 혜선이는 정직함을 진심으로 가지고 산다. 그녀가 웃음으로써 막이 끝났다.	결합 불가능 (수줍었음 ×) 예 그는 수줍음이 많은 사람이다. 동생은 졸음을 참아 가며 운전했다. 그는 믿음을 가진 기독교 신자이다.

① 목적어가 앞에 있는가?

② 관형사형 어미,
관형격 조사
관형사가 앞에 있는가?

③ 부사형 어미
부사격 조사
부사가 앞에 있는가?

④ 선어말 어미 '–었/았–'이 중간에 들어갈 수 있는가?

박혜선 국어
족집게 문법 40 포인트

Part

0 2

통사론

Chapter 01 문장 성분의 이해

대표 亦功 최빈출

01 밑줄 친 부분의 문장 성분이 다른 하나는?

① 그는 <u>노래도</u> 안 부르고 술만 먹었다.
② 비가 내리고 <u>바람까지</u> 불었다.
③ 철수는 예쁜 <u>영희만</u> 좋아한다.
④ 이 <u>일부터</u> 슬퍼할 필요는 없다.

뇌주름 새기는 亦功 시각화 — 문장 성분의 종류

주성분 : 주, 목, 보, 서

문장 성분

부속 성분 : 관, 부

독립 성분 : 독

대표 亦功 최빈출 해설

밑줄 친 부분은 모두 격 조사를 생략한 보조사가 있다. 보조사는 격 조사처럼 문장 성분의 자격을 부여하는 중요한 능력이 없다. 따라서 이들 보조사를 격 조사로 바꾸어 보면 문장 성분을 쉽게 구별할 수 있다. 뒤에 있는 서술어를 보고 격 조사를 충분히 알아낼 수 있다. ②는 '바람(이) 불었다.'와 같이 쓰이므로, 주격 조사가 들어가는 것이 자연스럽다. 즉, 문장 성분은 주어이다.

오답풀이 나머지 모두 문장에서 목적어로 쓰였다.
① 노래도(노래를) 안 부르고
③ 영희만(영희를) 좋아한다.
④ 이 일부터(일을) 슬퍼할

▶ ②

대표 출.종.포 한눈에 👓 보기　　1. 문장 성분의 이해

❶ 보조사로 가린 문장 성분 파악하기
❷ 주성분, 부속 성분, 독립 성분 구별하기

출.종.포 12　문장 성분의 이해

❶ 문장 성분의 종류

문장에서 일정한 문법적인 기능을 하는 부분, 단위는 어절

주성분	개념	문장을 이루는 주된 골격이 되는 부분(생략 힘듦.)
	종류	주어, 목적어, 보어, 서술어
부속 성분	개념	주로 주성분을 수식하는 성분(생략 가능, 그러나 일부는 생략 불가.)
	종류	관형어, 부사어
독립 성분	개념	다른 문장 성분과 직접적인 관련이 없음. (생략 가능)
	종류	독립어

❷ 문장 성분의 종류와 특성

(1) 주어

개념	동작 또는 상태나 성질의 주체가 되는 문장 성분
표지	체언 + 주격 조사(이/가*, 께서, 에서*, 서)
	보조사
	생략 가능

(2) 목적어

개념	동작의 대상 (타동사의 대상)
표지	목적격 조사 '을/를'
	보조사
	생략

- 주먹보소~
- 깐부잖아~
- 독

- 덜렁거리는 영수도 건강은 특히 조심한다. (❶　　)
- 혜선이가 철수만 싫어한다. (❷.　　)
- 올해에는 기운도 정말 좋은 해이다. (❸　　)
- 올해에는 신기하게 합격의 천운까지 들어왔다. (❹　　)

💡 ❶ 목적어　❷ 목적어
　❸ 주어　❹ 주어

'이/가'가 나오면 특히 눈동자
를 서술어에 갖다 대야 한다.

(3) 보어

개념	서술어 '되다, 아니다'를 보충해 주는 성분
표지	보격 조사 '이/가' (주격 조사 '이/가'와 헷갈리지 말기)
	보조사
	생략

'관형'이라는 말이 붙은 것은
싹 다 '관형어'이다.

(4) 관형어 ★ 바로 너이다.

개념	체언을 수식하는 문장 성분을 말한다. 관형어는 반드시 뒤에 체언이 와야 한다.
표지	관형사 단독 예 새/헌/옛/온갖/모든/이/그/저 건물
	체언+관형격 조사(의) 예 역공녀의 그림
	체언 예 역공녀 그림
	용언의 관형사형 어미 예 그녀는 동그란 안경을 썼다.

'부사'라는 말이 붙은 것은
웬만하면 '부사어'이다.

(5) 부사어

개념	• 주로 용언을 꾸며 주는 성분으로, 부사어나 관형어, 때로는 문장 전체를 수식하기도 한다. • 부사어는 보통 수의적인 성분이지만, 서술어의 성격에 따라 필수적인 성분이 되는 경우도 있다.
표지	부사 단독 예 그는 노래를 굉장히 잘한다.
	체언+부사격 조사 예 승기가 군대에서 돌아왔다.
	부사+보조사 예 빨리만 먹지 마라.
	용언의 부사형 어미 예 혜선이가 예쁘게 생겼다.

① 부사어의 종류 1

성분 부사어	개념	특정한 문장 성분만 꾸미는 부사어 매우, 아주. 잘, 자주 등
	예	남자친구를 안 사귀었다. 기차가 빠르게 달렸다.
문장 부사어	개념	문장 전체를 꾸미는 부사어
	예	과연 그것이 사실이었구나. 그러나 역공녀는 늙었다.

② 부사어의 종류 2

필수적 부사어	개념	문장에서 생략이 불가능한 부사어
	예	그녀는 그와 닮았다. 그녀는 예쁘게 생겼다.
수의적 부사어	개념	문장에서 생략 가능한 부사어
	예	그는 밥을 잘 먹었다.

⑹ 서술어

개념	주어의 **동작** 또는 **상태나 성질**
표지	동사
	형용사
	체언＋서술격 조사 '이다'

⑺ 독립어

개념	다른 성분과 **직접적인 관계가 없는** 말로, 생략해도 문장이 성립한다.
표지	감탄사 단독 예 **와**, 이게 사실이냐.
	체언＋호격 조사 예 **혜선아**, 쉬는 시간이다!
	문장의 제시어 예 **인생**, 그것은 무엇일까?

Chapter

◇2 서술어의 자릿수

대표 亦功 최빈출

01 다음 문장 중 밑줄 친 서술어의 자릿수를 쓰시오.

1) 내일 보게 될 철수는 이제 연예인이 <u>아니다</u>.
2) 오랜만에 본 엄마는 아들에게 밥을 <u>주었다</u>.
3) 역공녀가 동네 우체통에 세금서를 <u>넣었어</u>.
4) 그의 마음은 그녀와는 아주 <u>달라</u>.

뇌주름 새기는 亦功 시각화   서술어의 자릿수

대표 亦功 최빈출 해설

1) '아니다'는 '주어(철수는), 보어 (연예인이)'를 필수적으로 요구 하는 2자리 서술어이다.
2) '주다'는 '주어(엄마는), 필수 부 사어(아들에게), 목적어(밥을)'를 필수적으로 요구하는 3자리 서 술어이다.
3) '넣다'는 '주어(역공녀가), 필수 부사어(우체통에), 목적어(세금 서를)'를 필수적으로 요구하는 3 자리 서술어이다.
4) '다르다'는 '주어(마음은), 필수 부 사어(그녀와는)'를 필수적으로 요 구하는 2자리 서술어이다. 대칭 서술어의 경우 복수 주어가 아닌 경우에는 2자리 서술어이다.
➡ 1) 2자리 2) 3자리
    3) 3자리 4) 2자리

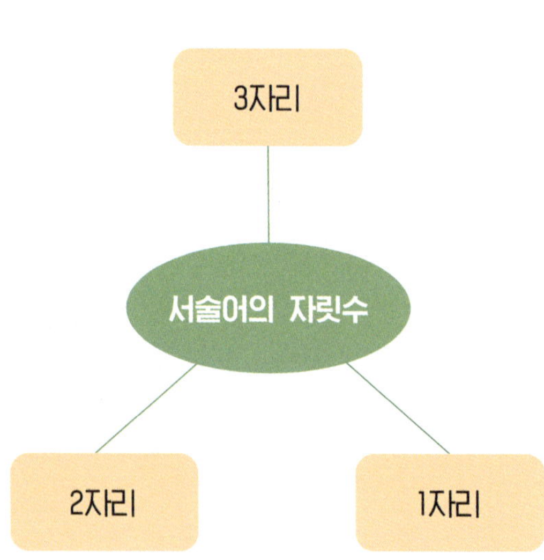

대표 출.종.포 한눈에 👀 보기   2. 서술어의 자릿수

서술어의 자릿수 구하기 → 숫자 싸움

출.종.포 13   서술어의 자릿수 : 서술어가 요구하는 필수 성분의 개수

구분	필요한 성분	서술어의 종류	예시
한 자리 서술어	주어	자동사, 형용사	예 꽃이 피었다. 꽃이 아름답다.
두 자리 서술어	주어, 목적어	타동사	예 그녀는 노래를 불렀다.
	주어, 보어	되다, 아니다	예 상익이는 공무원이 되었다.
	주어, 필수 부사어	대칭 서술어 (마주치다, 부딪치다, 싸우다, 악수하다, 같다, 다르다, 닮다, 적합하다 등)	예 영희는 철수와 닮았다. 이 책은 수험생들에게 적합하다. 영희는 철수와 싸웠다.
세 자리 서술어	주어, 목적어, 필수 부사어	주다, 삼다, 넣다, 드리다, 바치다, 가르치다, 얹다, 간주하다, 여기다 등	예 아버지께서 나에게 편지를 주셨다. 그녀는 나를 사위로 삼았다. 그녀는 그를 범인으로 여겼다.

혜선쌤의 야매꼼수

❷ 서술어의 자릿수 푸는 꿀팁
: 절대 나머지 문장 성분 보지
말고 서술어만 보고 내가
내 말로 만들어 볼 것.

Chapter 03

문장의 짜임새

대표 亦功 최빈출

01 다음 밑줄 친 부분에 해당하는 예로 가장 적절하지 않은 것은?

> 문장은 홑문장과 겹문장으로 나뉘며, 겹문장은 다시 이어진문장과 안은문장으로 나뉜다. 이어진문장은 두 개의 홑문장이 대등한 자격으로 이어지는 ㉠ 대등하게 이어진 문장과 앞의 홑문장이 뒤의 홑문장에 종속적으로 연결되는 ㉡ 종속적으로 이어진 문장으로 나눌 수 있다. (이하 생략)

① ㉠: 나는 세수를 하고 로션을 발랐다.
② ㉠: 어제는 철수가 왔고 오늘은 영희가 온다.
③ ㉡: 겨울이 되면 눈이 내린다.
④ ㉡: 도서관에 갔는데 연체료가 쌓여 있었다.

뇌주름 새기는 亦功 시각화　문장의 종류

- **홑문장** ── 주어 + 서술어
- **겹문장**
  - **이어진문장**
    - 대등
    - 종속
  - **안은문장**
    - 명사절
    - 관형절
    - 부사절
    - 인용절
    - 서술절

대표 亦功 최빈출 해설

앞뒤 문장의 순서를 교체하면 '나는 로션을 바르고 세수를 했다.'와 같이 그 의미가 아예 달라진다. 따라서 '-고'가 붙긴 했으나 '대등하게 이어진 문장'이 아니라 '종속적으로 이어진 문장'으로 봐야 한다.

오답풀이 ② '오늘은 영희가 오고 어제는 철수가 왔다.'와 같이 앞뒤 문장의 순서를 바꿔도 원래의 의미가 대등하게 유지되므로 ㉠으로 볼 수 있다.

③, ④ 앞뒤 문장의 순서를 바꾸면 원래의 의미가 유지되지 않는다. 따라서 ㉡의 예로 적절하다.

▶ ①

출.좀.포 14 　문장의 짜임새

❶ 문장의 짜임새

(1) 홑문장

　주어와 서술어의 관계가 한 번만 이루어지는 문장

(2) 겹문장(문장의 확대)

　① 주어와 서술어의 관계가 두 번 이상 이루어지는 문장을 말한다.

　② 종류에는 이어진문장과 안은문장이 있다.

❷ 문장의 확대(겹문장의 종류)

(1) 이어진문장 (연결 어미가 핵심!!! 무조건 외우기)

　① 대등하게 이어진 문장

개념	홑문장의 힘이 대등한 관계로 이어진 문장이다.	
특징	앞뒤 문장의 순서를 교체해도 원래의 의미와 동일하다.	
종류	나열 (-고, -(으)며)	산은 산이고 물은 물이다. 그는 성격이 멋지며 외모가 수려했다.
	대조 (-(으)나, -지만)	국어는 재밌지만 게임은 재미없다. (으나)
	선택 (-든지, -거나)	밥을 먹든지 반찬을 먹든지 네 맘대로 해라. (거나)　　　　　(거나)

　② 종속적으로 이어진 문장

개념	홑문장이 종속적인 관계로 이어진 문장이다.(힘이 대등 ×)	
특징	앞뒤 문장의 순서를 교체할 수 없거나, 교체하면 원래의 뜻과 달라진다.	
종류	이유 (-아서/-어서, -므로, -니까)	산은 산이어서 마음이 편하다. 그는 성격이 멋지므로 내가 존경한다.
	조건 (-면, -거든, -더라면)	내가 너한테 지면 사람이 아니다! 역공녀를 만났더라면 결과가 달라졌을까.
	의도 (-려고, -고자)	밥을 먹으려고 집에 갔다.

출.좀.포 15 　연결 어미 '-고'의 쓰임

- 저 여자가 엄마고 저 남자가 아빠다. → 대등하게 이어진 문장
- 어제는 비가 왔고 내일은 눈이 왔다. → 대등하게 이어진 문장
- 민수는 집에 가고 철수는 학교에 갔다. → 대등하게 이어진 문장
- 저분들이 너를 이리로 데려 오고 너를 떠나보냈지. → 종속적으로 이어진 문장
- 민수는 밥을 먹고 학교에 갔다. → 종속적으로 이어진 문장

대표 亦功 최빈출

02 〈보기〉의 ㉠~㉣에 대해 탐구한 것으로 적절하지 않은 것은?

보기

㉠ 할아버지는 지팡이가 멋있으시다.
㉡ 그 여자는 미용실로 갔다.
㉢ 그녀는 철수가 가수임을 알았다.
㉣ 철수는 영희가 만들어준 음식을 먹었다.

---

① ㉠에서 안은문장의 주어와 안긴문장의 주어는 다르다.
② ㉡은 주어와 서술어의 관계가 한 번 나타나므로 홑문장이다.
③ ㉢에는 목적어의 기능을 하는 안긴문장이 있고, ㉣에는 관형어의 기능을 하는 안긴문장이 있다.
④ ㉣에서 안긴문장의 목적어는 안은문장의 목적어와 다르므로 생략되지 않았다.

대표 亦功 최빈출 해설

㉣의 안은문장의 목적어인 '음식을' 과 '영희가 (음식을) 만들어준'에서 의 목적어 '음식을'은 동일하다. 그 래서 안긴문장의 '음식을'이 생략된 것이므로 이 선택지는 옳지 않다.

㉠ 할아버지는 [지팡이가 멋있 으시다].
→ 서술절을 안은 문장 (절 표지: 없음)
㉡ 그 여자는 미용실로 갔다.
→ 홑문장
㉢ 그녀는 [철수가 가수임]을 알았다.
→ 명사절을 안은 문장 (절 표지: 명사형 어미 -ㅁ)
㉣ 철수는 [영희가 (음식을) 만 들어준] 음식을 먹었다.
→ 관형절을 안은 문장 (절 표지: 관형사형 어미 -ㄴ)

오답풀이 ① ㉠에서 안은문장의 주어는 '할아버지는'이고, '안긴 문장'의 주어는 '지팡이가'이므 로 다르다는 설명은 옳다.
② '그(관형어) 여자는(주어) 미용 실로(부사어) 갔다(서술어)'로서 주어와 서술어가 한 번씩만 나 오므로 홑문장이다.
③ ㉢에는 안긴문장(철수가 가수 임) 뒤에 목적격 조사 '을'이 결 합되어 있으므로 안긴문장이 목 적어 기능을 한다고 볼 수 있다. ㉣에는 안긴문장(영희가 (음식 을) 만들어준)이 뒤의 '음식'이 라는 체언을 꾸미므로 관형어의 기능을 한다고 볼 수 있다.

▶ ④

출.좋.포 16   안은문장 (전성 어미가 핵심!!!!)

❶ 명사절을 안은 문장

개념	전체 문장 속에서 명사형 문장이 하나의 문장으로 주어, 목적어, 보어, 부사어의 기능을 하는 문장이다.
특징	명사형 전성 어미 '-(으)ㅁ'이나 '기'가 붙어 실현된다.
예시	**주어** · [그가 범인임]이 밝혀졌다. ('이'=주격 조사)
	목적어 · 역공녀는 [공시생이 많이 오기]를 바란다. ('를'=목적격 조사)
	부사어 · 모두들 [역공녀가 미인임]에 놀랐다. ('에'=부사격 조사)

☞ 명사절의 문장 성분은 명사절 뒤에 붙은 격 조사에 의해 결정된다.

❷ 관형절을 안은 문장

개념	전체 문장 속에서 관형사형 문장이 관형어의 기능을 하는 문장이다.
특징	관형사형 전성 어미 '-는, -ㄴ(은), -ㄹ(을), -던'
종류	**관계 관형절** — 관형절 내에 생략된 성분이 **있음**.
	그건 [내가 먹은] 피자야. (피자를) 생략
	[빨간] 장미가 한 송이 피었다. (장미가) 생략
	동격 관형절 — 관형절 내에 생략된 성분이 **없음**.
	[피아노 치는] 소리가 안 들렸음 좋겠다. 피아노 친다=소리
	요즘 [역공녀가 데뷔했다는] 소문이 전국에 돌았다. 역공녀가 데뷔했다=소문

❸ 부사절을 안은 문장

개념	전체 문장 속에서 부사형 문장이 부사어의 기능을 하는 문장이다.
특징	부사형 어미 '-게, -아서, -도록', 부사 파생 접사 '-이'
예시	민수는 [너가 예뻐서] 계속 웃었다. 그는 [밤이 새도록] 공부에 전념했다. 비가 [소리도 없이] 내린다.

헤선쌤의 야매꼼수

PART **2**

- ☑ 명사형 어미 '-(으)ㅁ / 기'
  : 명사절
- ☑ 관형사형 어미 '-는/ㄴ/ㄹ/던'
  : 관형절
- ☑ 부사형 어미 '-게/아서/도록'
  부사 파생 접사 '-이'
  : 부사절
- ☑ 인용격 조사 '라고' '고'
  : 인용절
- ☑ 절 표지 없음
  : 서술절

④ 서술절을 안은 문장

개념	전체 문장 속에서 서술어의 기능을 하는 문장이다.
특징	*절 표지 없음.
예시	토끼가 [귀가 길다.] 집이 [거실이 넓다.]

혜선쌤의 야매꼼수

✔ 인용절의 종류 구별하기

	표지	조사
직접 인용절	" "	라고
간접 인용절	' ' 혹은 ' ' 없음	고

⑤ 인용절을 안은 문장

개념	다른 사람의 말을 인용하는 기능을 하는 문장이다.
특징	*직접 인용 '라고', 간접 인용 '고' (모두 격 조사)
예시	그가 ["당신이 제일 아름답습니다"]라고 했다. (직접 인용) 그가 [내가 제일 아름답다]고 했다. (간접 인용)

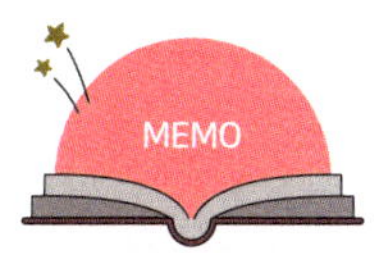

Chapter 04 높임법의 종류

대표 亦功 최빈출

01 주체, 객체, 상대를 모두 높이고 있는 것은?

① 할머니도 점심 시간인데 진지를 잡수셨나요?
② 교장 선생님의 훈화 말씀이 있으시겠습니다.
③ 이모가 할아버지를 뵈려고 고향에 가셨다.
④ 어머니는 할머니께 집을 사 드리셨습니다.

대표 亦功 최빈출 해설

어머니는 할머니께 집을 사 드리셨습니다.

주체 높임

'드리셨습니다'의 주체 높임 선어말 어미 '-시-'

객체 높임

'할머니께'의 높임 부사격 조사 '께'
'드리셨습니다'의 객체 높임 어휘 '드리-'

상대 높임

'드리셨습니다'의 종결 표현 '-습니다

오답풀이 ① '잡수셨나요?' : 접미사 '-님', '진지', '잡수시다'가 주체인 '할머니'를 높이고 있다. 또한 '-요'는 상대를 높이고 있다. 객체 높임은 보이지 않는다.
② 말씀 : 높임 어휘
있으시겠습니다. : 주체 높임 선어말 어미 '-시-'와 상대 높임의 '습니다'
③ 뵈려고 : 객체 높임 어휘
가셨다 : 주체를 높이고 있지만 (-시-) 상대를 높이고 있지 않다.

▶ ④

뇌주름 새기는 亦功 시각화 | 높임법의 종류

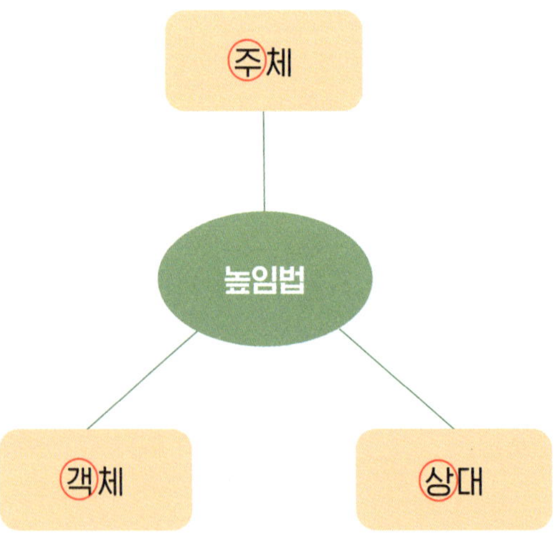

대표 출.좋.포 한눈에 👓 보기 **3. 높임법의 종류 판단하기**

❶ 높임 요소 찾기

❷ 잘못된 높임 표현 찾기

출.좋.포 17 · 높임 요소 찾기

종류	높임 대상	실현 방법
주체 높임	서술어의 주체 (주어)	*① 주체 높임 선어말 어미 '-시-' ② 주격 조사 '께서' ③ 주체를 높이는 특수 어휘 : 계시다, 잡수시다, 편찮으시다 등 ④ 간접 높임의 '-시-' 예 회장님께서 말씀이 있으시겠습니다. 할머니께서 지팡이가 예쁘시다.
객체 높임	서술어의 객체 (목적어, 부사어)	*① 부사격 조사 '께', *② 모시다, 드리다, 여쭙다(여쭈다), 뵙다(뵈다)
상대 높임	청자	종결 표현

✔ '간접 높임법' 암기팁
: 상품, 가격, 품절은 간접 높임의 대상이 될 수 없다.

✔ '객체 높임법' 암기팁
: 프랑스 놀러간 혜선
→ 모.드.여.뵈.께

✔ '상대 높임법' 암기팁
: ㅂ, 뻐큐, 쌍뻐큐

Chapter

◆5 잘못된 높임 표현 고치기

대표 亦功 최빈출

01 높임 표현으로 가장 적절한 것은?

① 할머니께서 할아버지 집에 들르셨습니다.
② 제 말씀을 들어주시면 좋은 일이 생기실 겁니다.
③ 할아버지는 생전에 당신께서 소중히 여기던 열쇠를 물려주셨다.
④ 주인님께서 뵙기를 원한 이유는 사장님과 함께 술을 먹기 위해서입니다.

출.좋.포 18 잘못된 높임 표현 고치기

"높임 요소" 말고도 "올바른 높임 표현"으로 고치기도 출제된다.

❶ 간접 높임의 경우에는 직접 높임의 어휘를 쓸 수 없다.

• 회장님의 말씀이 계시겠습니다.(×) → 있으시겠습니다.(○)

❷ 간접 높임의 대상이 될 수 없는 경우에는 '-시-'를 쓰면 안 된다.

☞ 상품, 품절, 가격에는 간접 높임의 '-시-'를 쓰면 안 된다.

❸ 높임 대상과 관련된 명사를 높이지 않으면 틀린다.

• 집(×) → 댁(○)
• 밥(×) → 진지(○)
• 이름(나이)(×) → 성함(연세, 춘추) (○)
• 술(×) → 약주(○)
• 말(×) → 말씀(○)
• 저, 자기(×) → 당신(○)

대표 亦功 최빈출 해설

자신의 말을 낮추는 '말씀'을 사용한 것은 옳다. 또한 높임의 대상인 청자에게 좋은 일이 생기는 것이므로 주체 높임의 '-시-'가 쓰이는 것은 옳다.

오답풀이 ① 할머니의 '집'이 아니라 높임 어휘 '댁'으로 고쳐야 한다.

③ '당신'은 높임의 대상인 3인칭 주어 '할아버지'를 다시 가리키는 재귀 대명사이므로 옳게 쓰인 것이다. '당신'은 재귀 대명사 '자기'의 높임말이다. 하지만 할아버지가 소중히 여기신 것이므로 '여기던'이 아니라 '여기시던'으로 고쳐야 한다.

④ '원하다'의 주체가 '주인님'이므로 '원한'이 아니라 '원하신'으로 고쳐야 한다. 또한 술을 먹는 것도 높임의 대상인 '주인님'과 '사장님'이 하는 행위이므로 '술'의 높임말인 '약주'로 고치고 '먹기'를 '드시기'로 고쳐야 한다.

▶ ②

4 겸양 표현을 적절하게 사용하여야 한다.

• '말씀'은 존대어이자 화자를 낮추는 겸양어이다.

• 저희 나라, 저희 겨레(×) → 우리나라, 우리 겨레(○)

5 목적어, 부사어가 높임의 대상이 아니라면 객체 높임 특수 어휘를 쓸 수 없다.

• 어머니께서는 집안의 대소사를 아랫사람들에게 여쭈어보십니다.(×)
 → 아랫사람들에게 물어보십니다.(○)

6 주체 높임 '-시-'를 올바르게 사용해야 한다.

• 선생님이 이따 오래.(×) → 선생님이 이따 오라셔(오라고 하셔).(○)

• 그 사람 해고해! 하시라면(하시라고 하면) 해야죠.(×)
 → 하라시면(하라고 하시면) 해야죠.(○)

• 곧이어 펜트하우스를 시청하겠습니다.(×) → 시청하시겠습니다.(○)

• 어머님, 아범(아비)이 방금 들어오셨어요.(×) → 들어왔어요.(○)

7 화자가 자기 자신을 높일 수는 없다.

• 저는 고객을 위해 항상 노력 중이세요.(×)
 → 저는 고객을 위해 항상 노력 중이에요.(○)
 ☞ 화자 자신을 높이는 것은 옳지 않으므로 '저는 고객을 위해 항상 노력 중이에요.'로
 바꿔야 한다.

8 화자가 주어일 때만 쓰이는 '-ㄹ게'는 주체 높임의 '-시-'와 함께 쓸 수 없다.

• 손님, 피팅룸으로 들어가실게요.(×) → 손님, 피팅룸으로 들어가시길 바랍니다.(○)

**9 지위가 높거나 나이 많은 사람에게 쓰면 안 되는 단어들이 있으니
 주의해야 한다.**

• (정리하는 선생님께) 수고하셨습니다.(×) → 노고가 많으십니다, 감사합니다.(○)

• (점원이 할아버지에게) 할아버지, 이러한 부분을 당부 드립니다.(×)
 → 부탁드립니다.(○)

• 철수는 어머니께 야단을 맞았다.(×) → 걱정(=꾸지람, 꾸중)을 들었다.(○)

혜선쌤의 야매꿀수

◎ 이세요, 이셔요
 : 이+시+어요
 (에요)

Chapter 06 사동·피동

대표 亦功 최빈출

01 다음에 대한 설명으로 옳으면 ○, 옳지 않으면 × 표시하시오.

① '온난화가 북극 빙하를 다 녹인다.'는 피동문이다. (   )
② '이 글은 두 문단으로 나뉜다.'는 피동문이다. (   )
③ '사장이 사장실을 넓히기 위해 직원 회의실을 좁힌다.'는 사동문이다. (   )
④ '이산화탄소가 적외선을 흡수하여 열이 대기에 모인다.'는 피동문이다. (   )
⑤ '동생은 집 밖으로 짐만 옮겼다.'는 피동문이다. (   )
⑥ '엄마가 영희에게 아기도 안겼다.'는 피동문이다. (   )

대표 亦功 최빈출 해설

① × → '녹+이+다'로 '이'는 사동 접미사이므로 피동문이라는 것은 옳지 않다. '빙하를'이라는 목적어가 있으며 사동의 의미가 있기 때문이다.
② ○ → '나누+이+다'의 '이'는 피동 접미사이다. 앞에 목적어가 없고 피동의 의미가 있기 때문이다.
③ ○ → '좁+히+다'의 '히'는 사동 접미사이다. '회의실을'이라는 목적어가 있으며 사동의 의미가 있기 때문이다.
④ ○ → '모+이+다'의 '이'는 피동 접미사이다. 문장에 목적어가 없고 당한다는 피동의 의미가 있기 때문이다.
⑤ × → '짐만'은 '짐을'로 고쳤을 때 말이 되므로 목적어임을 알 수 있다. 따라서 이는 사동문임을 알 수 있다.
⑥ × → '아기도'는 '아기를'로 고쳤을 때 말이 되므로 목적어임을 알 수 있다. 따라서 이는 사동문임을 알 수 있다.

뇌주름 새기는 亦功 시각화 사동 표현

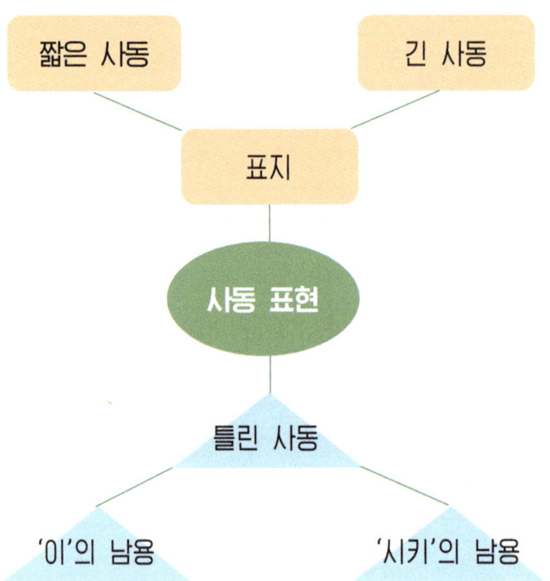

❶ 사동과 피동의 요소 파악하기

❷ 사동 vs 피동의 구별

❸ 사동 접미사 '−이−, −시키−'의 잘못된 쓰임

❹ 이중 피동의 잘못된 쓰임

출.좋.포 19   사동

❶ 사동(使動)

주어가 남에게 동작을 시키는 것을 말한다.

❷ 사동(使動)의 종류

파생적 사동 (단형 사동)	용언의 어근+사동 접미사 '−이−, −히−. −리−, −기−, −우−, −구−, −추−, −이키−, −으키−, −애−', '−시키−' 이중 사동 접미사 '−이우−' 예 엄마가 아이에게 밥을 먹였다. 역공녀가 학생을 합격시켰다.
통사적 사동 (장형 사동)	본용언에 보조 용언 '−게 하다'가 붙어 실현 예 엄마가 아이에게 밥을 먹게 한다.

사동은 보통 '목적어'가 있다.

❸ 틀린 사동 표현

(1) 과도한 사동 접사 '이'의 사용

의미상 필요하지 않다면, 사동 접사 '이'를 남용하면 안 된다.

과도한 사동 접사 '이'의 사용 예시	기본형
그녀는 목메인 목소리를 냈다. [목메+이+ㄴ](×) → 목멘(○)	목메다
넌 끼여들지마. [끼+이+어+들+지+마](×) → 끼어들지마(○)	끼다
습관처럼 중요한 말을 되뇌이는 버릇이 있다. [되+뇌+이+는](×) → 되뇌는(○)	되뇌다
역공녀를 보면 마음이 설레였다. [설레+이+었+다](×) → 설레었다/설렜다(○)	설레다

과도한 사동 접사 '−이−'를 사용했는지 '−이−' 대신에 '−게 하다(−게 만들다)'를 넣어 본다.

혜선쌤의 야매꿀수

과도한 사동 접사 '-시키-'를 사용했는지 아는 여부는 '-시키-' 대신에 '-하-'를 넣은 후 주어와 호응시켜 본다.

① '하다'가 자연스러움
　: '-시키-'가 잘못 쓰임

② '하다'가 부자연스러움
　: '-시키-'가 잘 쓰임

---

(2) 과도한 사동 접사 '시키다'의 사용

'하다'를 쓸 수 있는 말에 무리하게 '시키다'를 결합하지 않는다.

과도한 사동 접사 '시키다'의 사용 예시	기본형
내가 친구 한 명 소개시켜 줄게. → 소개해(○)	소개하다
이 공간을 분리시킬 벽을 설치했다. → 분리할(○)	분리하다
모든 기계를 하루 종일 가동시켜서 기일을 맞추도록 하자. → 가동해서(○)	가동하다
입금시키다, 금지시키다, 강화시키다, 개선시키다, 결집시키다, 지연시키다, 고정시키다. → 입금하다, 금지하다, 강화하다, 개선하다, 결집하다, 지연하다, 고정하다(○)	

대표 亦功 최빈출

02　밑줄 친 말이 가장 자연스러운 것은?

① 철수는 담겨진 음식을 보고 감동하였다.
② 옷이 뜯겨진 채로 발견되었다.
③ 계약에서 받아들여진 대로 이행하겠습니다.
④ 그는 불성실함으로 제적되어졌다.

뇌주름 새기는 亦功 시각화　피동 표현

대표 亦功 최빈출　해설

'받아들이다'는 '남의 말이나 요구 따위를 들어주다.'를 의미하므로 '당하다'를 의미하는 피동사가 아니다. 따라서 뒤에 피동 표현 '-어지다'가 붙어도 이중 피동 표현이라고 볼 수 없다. 참고로, 이와 비슷하게 이중 피동이 아닌 단어들로는 '여겨지다, 밝혀지다, 알려지다'가 있다.

오답풀이　① '담+기(피동 접미사)+어지(피동 보조 용언)+ㄴ'은 이중 피동이므로 옳지 않다.
② '뜯+기(피동 접미사)+어지(피동 보조 용언)+ㄴ'은 이중 피동이므로 옳지 않다.
④ '제적+되(피동 접미사)+어지(피동 보조 용언)+ㄴ'은 이중 피동이므로 옳지 않다.

▶▶ ③

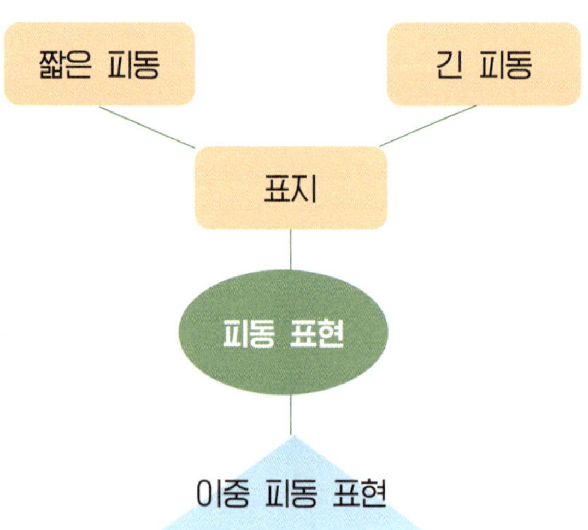

출.좋.포 20   피동(被動)

❶ 피동(被動)

주어가 당하는 것을 말한다.

피동은 보통 '목적어'가 없다.

❷ 피동(被動)의 종류

파생적 피동 (단형 피동)	동사의 어간(주로 타동사)+피동 접미사 '-이-, -히-, -리-, -기-', '-되-' 예 도둑이 경찰에게 잡혔다. 　　카드 포인트가 등록되었다.
통사적 피동 (장형 피동)	본용언+보조 용언 '-어지다' 예 구두끈이 풀어지다. 　　[풀-+-어지-+-다]
	본용언에+보조 용언 '-게 되다' 예 사실이 드러나게 되다. 　　[드러나-+-게 되다]

❸ 틀린 피동 표현

피동 접미사 '-이-, -히-, -리-, -기-'와 피동의 보조 용언 '-어지다'는 이중으로 겹쳐서 사용할 수 없다.

- 이 사실이 믿겨지지[믿-+-기-+-어지-+-지] 않았다. → 믿기지/믿어지지
- 내일 날씨는 맑을 것으로 보여집니다.
[보-+-이-+-어지-+ㅂ니다] → 보입니다./보아집니다.
- 간판이 잘 읽혀지지[읽-+-히-+-어지-+-지] 않아요. → 읽히지/읽어지지
- 앞으로 이 문제가 잘 풀릴 것이라고 예상되어진다.
[예상+-되-+-어지-+-ㄴ-+-다] → 예상된다.

혜선쌤의 야매꿀수

'-어지-'는 피동 표현으로 고정하자.
(강의 고고씽)

❹ 모양이 같은 사동사와 피동사의 구별

공통되는 접미사 '-이 -, -히 -, -리 -, -기 -' 때문에 사동사와 피동사를 구별하는 문제가 나온다.

사동 피동 구별은 웬만하면 '목적어'의 유무로 판별된다.

	사동사		피동사	
목적어의 유무	있음		없음	
	예 역공녀가 공시생들에게 책을 읽혔다. 역공녀가 공시생들에게 연필을 잡히다. 철수는 나에게 영화를 보였다.		예 그 책은 많은 공시생들에게 읽혔다. 공시생들이 역공녀에게 잡혔다. 이제 영화가 보였다.	
의미	-게 만들다.		-을 당하다.	

피동사가 목적어를 갖는 예외의 경우
→ 따라서 꼭 '의미'도 함께 파악하는 것이 좋다.

- **사동** : 엄마는 아이에게 젖을 **물렸다**. ('엄마'가 젖을 물게 한 의미가 있으므로 사동)
  철수는 영희에게 피해를 **입혔다**. ('철수'가 피해를 입게 한 의미가 있으므로 사동)
  영자는 짐을 그곳으로 **옮겼다**. ('영자'가 짐을 옮게 한 의미가 있으므로 사동)

- **피동** : 엄마는 아기에게 코를 **물렸다**. ('엄마'가 묾을 당한 의미가 있으므로 피동)
  철수는 도둑에게 돈을 **빼앗겼다**. ('철수'가 빼앗음을 당한 의미가 있으므로 피동)
  영자는 철수에게 발을 **밟혔다**. ('영자'가 밟음을 당한 의미가 있으므로 피동)

03

음운론

CHAPTER 01 음운의 변동

Chapter 01 음운의 변동

대표 亦功 최빈출

01 다음에 대한 설명으로 적절한 것은?

> ㉠ 있지[읻찌]   ㉡ 해돋이[해도지]
> ㉢ 보-+-아 → [봐]   ㉣ 닭만[당만]

① ㉠ : 두 가지 유형의 음운 변동이 나타난다.
② ㉡ : 인접한 음의 영향을 받아 조음 위치가 비슷해지는 동화 현상이 나타난다.
③ ㉢ : 음운 변동 전의 음운 개수와 음운 변동 후의 음운 개수가 같다.
④ ㉣ : 음절 끝에 'ㄱ, ㄴ, ㄷ, ㄹ, ㅁ, ㅂ, ㅇ' 이외의 자음이 오면 이 7개의 자음 중 하나로 바뀌는 규칙이 적용된다.

대표 亦功 최빈출 **해설**

'해돋이'는 구개음화 현상이 일어나 [해도지]로 발음된다. 'ㅣ' 앞에서 'ㄷ, ㅌ'이 경구개음 'ㅈ, ㅊ'으로 변하는 현상을 구개음화 현상이라고 한다. 인접한 음인 'ㅣ'의 조음 위치가 경구개이므로 'ㄷ, ㅌ'이 'ㅣ'와 비슷한 조음 위치인 경구개음인 'ㅈ, ㅊ'으로 동화(교체)되는 것이다. 따라서 조음 위치가 비슷해지는 동화 현상이다.

오답풀이 ① [있지 → (음절의 끝소리 규칙, 된소리되기) → 읻찌]의 과정을 보인다. '음절의 끝소리 규칙, 된소리되기' 모두 음운이 1:1로 교체되는 것이므로 '교체'라는 유형만 일어난 것이다. 따라서 두 가지 유형이 아니라 한 가지 유형의 음운 변동이 일어난 것이다.

③ 모음 축약이 일어났으므로 음운 변동 후의 음운 개수는 하나가 줄어드므로 음운 개수가 같다는 것은 옳지 않다.

④ ㉣은 음절의 끝소리 규칙(교체)에 대한 설명이다. 하지만 '닭만'은 겹받침 'ㄺ'에서 자음군 단순화(탈락)가 일어난 후 비음화가 일어나 [당만]이 된 것이므로 음절의 끝소리 규칙(교체)과 관련이 없다.

▶ ②

뇌주름 새기는 亦功 시각화   음운 변동의 유형

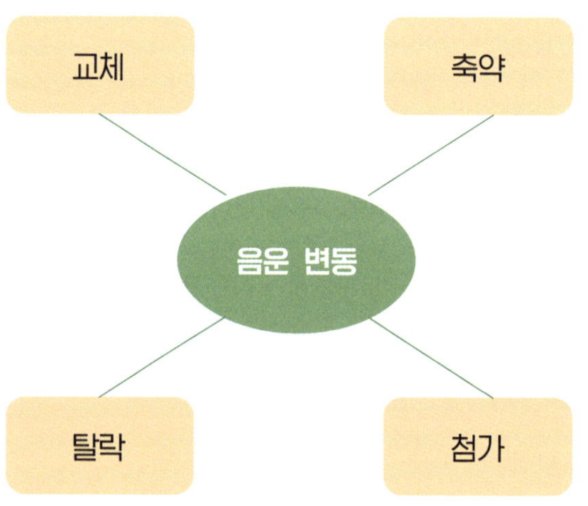

대표 출.좋.포 한눈에 👀 보기   1. 음운의 변동

❶ 음운 변동의 결과가 맞는지 파악하기

❷ 음운 변동의 유형 파악하기

❸ 음운 변동 후의 음운 개수 변화 파악하기

출.좋.포 21   음운 변동의 유형과 개수 변화

❶ 음운 변동의 개념

어떤 음운이 주변 환경에 따라 다른 음운으로 교체, 축약, 탈락, 첨가되는 현상

유형	현상	개념 및 예시		
교체	음절의 끝소리 규칙	받침이 음절 끝에 올 때에는 표기된 대로 발음되는 것이 아니라 대표음(ㄱ, ㄴ, ㄷ, ㄹ, ㅁ, ㅂ, ㅇ)으로 발음되는 현상 예 앞[압], 밖[박], 꽃[꼳], 낮[낟], 히읗[히읃]		
	된소리되기	① 안울림소리 + 안울림소리 예 역도[역또], 닫기[닫끼], 극비[극삐] ② 어간 받침 'ㄴ(ㄵ), ㅁ(ㄻ), ㄼ, ㄾ' + 예사소리 　예 넘다[넘 : 따], 넓게[널께], 핥다[할따] ③ 용언의 관형형 '-ㄹ' 뒤 + 예사소리 예 만날 사람[만날싸람] ④ 한자어의 'ㄹ' 받침 + 'ㄷ, ㅅ, ㅈ' 　예 몰상식[몰쌍식], 갈등[갈뜽], 불세출[불쎄출] 　예외) 불법[불법 / 불뻡] 열병[열병]		
	비음화	순행	받침 ㅁ, ㅇ + 첫소리 ㄹ 예 담력[담녁], 종로[종노]	
		역행	받침 ㅂ, ㄷ, ㄱ + 첫소리 ㅁ, ㄴ 예 입는다[임는다], 닫는[단는], 국민[궁민]	
		상호	받침 ㅂ, ㄷ, ㄱ + 첫소리 ㄹ 예 협력[혐녁], 몇 리[면니], 독립[동닙]	
	유음화	순행	받침 ㄹ + 첫소리 ㄴ 예 칼날[칼랄], 찰나[찰라]	
		역행	받침 ㄴ + 첫소리 ㄹ 예 신라[실라], 난로[날로]	
	구개음화	받침 ㄷ, ㅌ + 첫소리 ㅣ, 반모음 ㅣ 예 굳이[구지], 해돋이[해도지], 닫혀[다처]		

④ 한자어 'ㄹ' 뒤 + '당사자'

✔ 유음화
　: ㄹ이 ㄴ을 이긴다.

혜선쌤의 야매꿀수

✔ 구개음화
　: 'ㅣ'나 반모음 'ㅣ'로
　 시작하는 형식 형태소

축약	자음 축약	ㄱ, ㄷ, ㅂ, ㅈ ＋ ㅎ ＝ ㅋ, ㅌ, ㅍ, ㅊ 예) 각하[가카], 좋던[조턴], 법학[버팍], 쌓지[싸치]
	모음 축약	단모음 ＋ 단모음 ＝ 이중 모음(반모음 ＋ 단모음) 예) 이기어 → 이겨, 보아서 → 봐서, 주어서 → 줘서, 되어 → 돼, 싸이어 → 쌔어/싸여

탈락	자음군 단순화	보통은 앞 자음이 선택되나, 'ㄺ, ㄻ, ㄿ'은 뒤 자음이 선택된다. 예) 넋[넉], 앉다[안따], 곬[골], 핥다[할따], 앎[암 :], 닭[닥], 읊다[읍따] 예외) 예) 맑고[말꼬], 굵게[굴께], 밟다[밥:따], 넓둥글다[넙뚱글다], 넓죽하다[넙쭈카다]
	자음 탈락	① 'ㄹ' 탈락 예) 울＋-(으)ㅂ니다 → 웁니다, 울＋-(으)시는 → 우시는, 울＋-는 → 우는, 울＋ㄹ → 울, 울＋오 → 우오 ② 'ㅅ' 탈락 예) 잇＋어서 → 이어서, 붓＋어서 → 부어서 ③ 'ㅎ' 탈락 예) 쌓이다[싸이다], 많아[마 : 나]

	모음 탈락	① 'ㅡ' 탈락 예) 들르-＋-어 → 들러, 우러르-＋-어 → 우러러 ② '동음' 탈락 예) 가-＋-아서 → 가서, 가-＋-았다 → 갔다

첨가	'ㄴ' 첨가 (합성어, 파생어)	앞말이 자음으로 끝나고 뒷말이 '이, 야, 여, 요, 유'로 시작하는 경우에 는 뒷말의 초성 자리에 'ㄴ' 소리가 첨가되는 현상 예) 막-일[망닐], 알-약[알략], 늑막-염[능망념], 서울-역[서울력] 눈-요기[눈뇨기], 식용-유[시굥뉴], 직행-열차[지캥녈차] 예외) 등용문[등용문], 송별연[송:벼련], 절약[저략]
	반모음 'ㅣ' 첨가 ＝ 'ㅣ' 모음 순행 동화	앞의 'ㅣ'모음에 의해 반모음 'ㅣ'가 첨가되는 현상 예) 되어 → [되어/되여], 피어 → [피어/피여], 이오 → [이오/이요], 아니오 → [아니오/아니요]

② 사잇소리 현상

1. 된소리되기

: 앞 어근의 끝 음이 울림소리(모음, ㄴ, ㄹ, ㅁ, ㅇ)이고, 뒤 어근의 첫 음이 안울림 예사
소리인 경우, 뒤의 예사소리가 된소리로 발음되는 현상

> 예 귀+병 → 귓병[귀뼝/귇뼝], 도매+금 → 도매금[도매끔], 문+고리 → 문고리[문꼬리],
> 자리+세 → 자릿세[자리쎄/자린쎄], 전세+집 → 전셋집[전세찝/전섿찝],
> 눈+동자 → 눈동자[눈똥자], 길+가 → 길가[길까], 술+잔 → 술잔[술짠],
> 속임+수 → 속임수[소김쑤]

2. ㄴ 덧남

: 뒤에 'ㄴ, ㅁ'이 결합되는 경우에는 [ㄴ]이 덧나는 현상

> 예 코+날 → 콧날[콘날], 퇴+마루 → 툇마루[퇸ː마루], 아래+니 → 아랫니[아랜니],
> 배+머리 → 뱃머리[밴머리]

3. ㄴㄴ 덧남

: 뒤에 'ㅣ'나 반모음 'ㅣ'가 결합되는 경우에는 [ㄴㄴ]이 덧나는 현상

> 예 예사+일 → 예삿일[예산닐], 나무+잎 → 나뭇잎[나문닙], 뒤+윷 → 뒷윷[뒨ː뉻],
> 깨+잎 → 깻잎[깬닙], 도리깨+열 → 도리깻열[도리깬녈]

출.좋.포 22 제28항 사잇소리 현상의 된소리되기

A(명사) + B(명사) = 합성어
A의 끝 음이 ❶__________ + B의 첫 음이 예사소리

> 붙임 사잇소리 현상이 일어나지 않는 단어
>
> | | | |
> |---|---|---|
> | 반창고[반창고] | 고무줄[고무줄] | 과반수[과ː반수] |
> | 유리잔[유리잔] | 인두겁[인두겁] | 고래기름[고래기름] |
> | 간단(簡單)[간단] | 등기(謄記)[등기] | 불장난[불장난] |

더 알아두기 음운 변동의 원인

표현 효과의 원리	소리를 강하게 표현하고 분명하게 구별하기 위해서 ('명확성'에 초점) → 된소리되기, 사잇소리 현상 예 국밥[국빱], 산비둘기[산삐둘기]
조음 편리화의 원리 (경제성의 원리)	발음을 편하고 쉽게 하기 위해서 → 음절의 끝소리 규칙, 동화, 축약, 탈락 등 예 꽃[꼳], 신라[실라], 국화[구콰], 삶[삼ː]

혜선쌤의 야매꼼수

✔ 사잇소리 현상이 일어나지
않는 단어 외우는 팁
① 소주잔, 맥주잔은 소
주, 맥주가 들어 있으
니 '[짠]~'으로 발음하
지만 유리잔에는 아무
것도 없으니 '[잔]~'으
로 발음해야 한다.
② 반창고는 '똥꼬'에 붙
여지면 안되므로 [반창
고]로 발음해야 한다.
③ 과반수는 과+반수이
므로 [과ː반수]로 발
음해야 한다.

출좋포 정답

❶ 울림소리

박혜선 국어
족집게 문법 40 포인트

04

어문 규정

Chapter 01 표준 발음법

대표 亦功 최빈출

01 다음 〈보기〉의 표준 발음법 규정에 비추어 이중 모음의 발음이 바르지 않은 것은?

> ─────── 보기 ───────
>
> 제5항 'ㅑ, ㅒ, ㅕ, ㅖ, ㅘ, ㅙ, ㅛ, ㅝ, ㅞ, ㅠ, ㅢ'는 이중 모음으로 발음한다.
>   다만 1. 용언의 활용형에 나타나는 '져, 쪄, 쳐'는 [저, 쩌, 처]로 발음한다.
>   다만 2. '예, 례' 이외의 'ㅖ'는 [ㅔ]로도 발음한다.
>   다만 3. 자음을 첫소리로 가지고 있는 음절의 'ㅢ'는 [ㅣ]로 발음한다.
>   다만 4. 단어의 첫음절 이외의 '의'는 [ㅣ]로, 조사 '의'는 [ㅔ]로 발음함도 허용
>   한다.

① 민주주의의 의의[민주주의에 의이]
② 간혀[가쳐]
③ 계시다[게:시다]
④ 혼례[홀례]

대표 亦功 최빈출   해설

[간혀 → (자음 축약) → 가텨 → (구개음화) → 가쳐 → (제5항 다만1) → 가처]의 과정을 거친다. 용언의 활용형에 나타나는 '져, 쪄, 쳐'는 [저, 쩌, 처]로 발음하므로 [가쳐]가 아니라 [가처]가 옳다.

오답풀이 ① '다만 4. 단어의 첫음절 이외의 '의'는 [ㅣ]로, 조사 '의'는 [ㅔ]로 발음함도 허용한다'에 의해 '민주주의'의 '의'는 [의](원칙), [이](허용)로 발음되며 '민주주의의'의 관형격 조사 '의'는 [의](원칙), [에](허용)로 발음된다. '의의'는 [의의](원칙) [의이](허용)으로 발음되므로 [민주주의에 의이]는 옳다.
③ '예, 례' 이외의 'ㅖ'는 [ㅔ]로도 발음하므로 '계, 메, 폐, 혜'는 각각 [계], [메], [폐], [혜] (원칙), [게], [메], [페], [헤] (허용)으로 발음되므로 [계:시다](원칙) [게:시다](허용)으로 발음된다.
④ "다만 2. '예, 례' 이외의 'ㅖ'는 [ㅔ]로도 발음한다."로 인해 '례'는 무조건 [례]로만 발음되므로 '[홀례]'로 발음되는 것은 옳다. 참고로 'ㄴ'이 'ㄹ'로 인해 유음화된 것이다.

▶ ②

뇌주름 새기는 亦功 시각화   표준 발음법

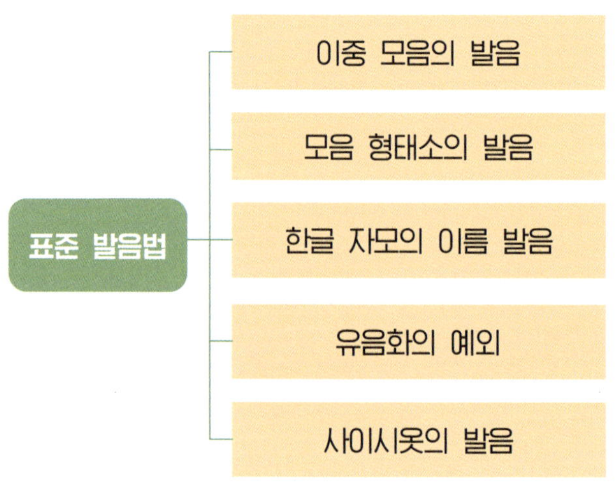

제4항 ㅣ 'ㅏ ㅐ ㅓ ㅔ ㅗ ㅚ ㅜ ㅟ ㅡ ㅣ'는 단모음(單母音)으로 발음한다.

붙임 'ㅚ, ㅟ'는 원칙적으로 단모음이지만, 이중 모음으로 발음함도 허용한다.

출.종.포 23 ｜ 제4항 'ㅚ'의 발음

ㅚ = [❶______(원칙) / ❷______(허용)]

제5항 ｜ 'ㅑ ㅒ ㅕ ㅖ ㅘ ㅙ ㅛ ㅝ ㅞ ㅠ ㅢ'는 이중 모음으로 발음한다.

다만 1. 용언의 활용형에 나타나는 '져, 쪄, 쳐'는 [저, 쩌, 처]로 발음한다.

가져[가저]	쪄[쩌]	다쳐[다처]
묻혀[무처]	붙여[부처]	잊혀[이처]

출.종.포 24 ｜ 제5항 다만 1 "져, 쪄, 쳐"의 발음

용언의 활용형에 나타나는 '❸__________'는 ❹__________로 발음된다.

다만 2. '예, 례' 이외의 'ㅖ'는 [ㅔ]로도 발음한다.

출.종.포 25 ｜ 제5항 다만 2 "ㅖ"의 발음

1. '예, 례'는 [❺______]로만 발음된다.
2. '계, 몌, 폐, 혜'는 [❻______](원칙), [❼______](허용)로도 발음한다.

다만 3. 자음을 첫소리로 가지고 있는 음절의 'ㅢ'는 [ㅣ]로 발음한다.

다만 4. 단어의 첫음절 이외의 '의'는 [ㅣ]로, 조사 '의'는 [ㅔ]로 발음함도 허용한다.

출.종.포 26 ｜ 제5항 다만 3, 다만 4 "의"의 발음

1. 자음을 가진 'ㅢ' = [❽______]로만 발음됨.
2. 첫째 음절 '의' = [❾______]로만 발음됨.
3. 둘째 음절 이하 '의' = [❿______](원칙) [⓫______](허용)
4. 관형격 조사 '의' = [⓬______](원칙) [⓭______](허용)

혜선쌤의 야매꿀수

✓ '민주주의의 의의' 발음의 개수는?
: ⓮__________

출종포 정답

❶ㅚ ❷ㅞ ❸져, 쪄, 쳐
❹[저, 쩌, 처] ❺ㅖ ❻ㅖ
❼ㅔ ❽ㅣ ❾의 ❿ㅢ
⓫ㅣ ⓬ㅢ ⓭ㅔ ⓮8

02 밑줄 친 부분이 표준 발음법에 맞지 않는 것은?

① 값있는 [가빈는] 것으로 골라 봐.
② 이 밭을[바츨] 다 갈아야 돼.
③ 협의[혀비]할 사항이 아직도 남아 있습니까?
④ 멋있다 → 원칙[머딛따], 허용[머싣따]

제13항+14항 | 홑받침이나 쌍받침, 겹받침이 모음으로 시작된 조사나 어미, 접미사와 결합되는 경우에는 제 음가대로 뒤 음절 첫소리로 옮겨 발음한다.

출.좋.포 27 제13항+14항 "모음 형식 형태소"가 오는 경우의 발음

홑받침이나 쌍받침, 겹받침 뒤에 모음 ❶__________ 형태소가 오는 경우에는 대표음화 없이 ❷__________된다.

제15항 | 받침 뒤에 모음으로 시작되는 실질 형태소가 연결되는 경우에는, 대표음으로 바꾸어서 뒤 음절 첫소리로 옮겨 발음한다.

출.좋.포 28 제15항 "모음 실질 형태소"가 오는 경우의 발음

모음 ❸__________ 형태소가 오는 경우에는 홑받침이든 쌍받침이든 겹받침이든 ❹__________ 적용 후 ❺__________된다.

다만, 맛있다[마딛따(원칙) / 마싣따(허용)], 멋있다[머딛따(원칙) / 머싣따(허용)]는 예외적으로 외워야 한다.

 해설

받침 뒤에 모음 형식 형태소가 오면 그대로 연음되므로 [바츨]은 옳지 않고 [바틀]이 옳은 발음이다.

오답풀이 ① 값있는 [가빈는](○)
: [값있는 → (자음군 단순화, 음절의 끝소리 규칙) → 갑읻는 → (비음화) → 가빈는]
③ 협의[혀비](○) : 둘째 음절 이하의 모음 '의'는 [의(원칙) / 이(허용)]이므로 '협의'는 [혀븨(원칙) / 혀비(허용)] 모두 맞는 발음이다.
④ '맛있다', '멋있다'의 두 경우에만 각각 [마딛따(원칙)/마싣따(허용)], [머딛따(원칙)/머싣따(허용)]가 표준 발음이 될 수 있다. 이 두 가지 예외만 외워도 된다!
▶ ②

출좋포 정답

❶ 형식 ❷ 연음 ❸ 실질
❹ 대표음화 ❺ 연음

대표 亦 功 최빈출

03 다음 표준 발음이 옳지 않은 것은?

① 디귿을[디그슬]
② 티귿이[티그시]
③ 피읖에[피으베]
④ 지읒을[지으슬]

> **제16항** | 한글 자모의 이름은 그 받침소리를 연음하되, 'ㄷ, ㅈ, ㅊ, ㅋ, ㅌ, ㅍ, ㅎ'의 경우에는 특별히 다음과 같이 발음한다.

출.좋.포 29 — 제16항 한글 자모의 이름 발음

한글 자모의 이름은 ❶______________________ 후에 ❷__________한다.

다만, 음절의 끝소리 규칙이 적용되어 '❸_______'으로 발음된 것들은 모두 '❹_______'으로 바꿔서 연음한다.

디귿이[디그시]	디귿을[디그슬]	디귿에[디그세]
지읒이[지으시]	지읒을[지으슬]	지읒에[지으세]
치읓이[치으시]	치읓을[치으슬]	치읓에[치으세]
키읔이[키으기]	키읔을[키으글]	키읔에[키으게]
티읕이[티으시]	티읕을[티으슬]	티읕에[티으세]
피읖이[피으비]	피읖을[피으블]	피읖에[피으베]
히읗이[히으시]	히읗을[히으슬]	히읗에[히으세]

대표 亦 功 최빈출 **해설**

'ㅌ'은 한글 자음 이름을 'ㄷ(디귿)'과 헷갈려서는 안된다. 'ㅌ'은 '*티귿'이 아니라 '티읕'이다. 이는 1933년 한글 맞춤법에서 약속한 발음이므로 [티그시], [티그슬]이 아니라 [티으시], [티으슬]로 발음하는 것이 옳다. 주로 음절의 끝소리 규칙에 의해 [ㄷ]으로 발음나는 자음들은 모두 [ㅅ]으로 소리 난다. [시오시], [지으시], [치으시], [히으시] 등이 있다.

오답풀이 ① 한글 자음은 주로 음절의 끝소리 규칙에 의해 [ㄷ]으로 발음나는 자음들은 모두 [ㅅ]으로 소리 난다.
③ 한글 자모의 이름은 음절의 끝소리 규칙이 적용된 채로 받침소리를 연음한다. [피으베]가 옳다. 다만, 음절의 끝소리 규칙에 따라 [ㄷ]받침으로 발음나는 한글 자음은 모두 [ㅅ]이 연음된다.
④ 한글 자음이 연음하는 경우에는 [지으즐]이 아니라 [지으슬]이 옳다.

▶ ②

출좋포 정답

❶ 음절의 끝소리 규칙
❷ 연음 ❸ [ㄷ] ❹ [ㅅ]

제30항 | 사이시옷이 붙은 단어는 다음과 같이 발음한다.

1. 'ㄱ, ㄷ, ㅂ, ㅅ, ㅈ'으로 시작하는 단어 앞에 사이시옷이 올 때에는 이들 자음만을 된소리로 발음하는 것을 원칙으로 하되, 사이시옷을 [ㄷ]으로 발음하는 것도 허용한다.

냇가[내:까/낻:까]	샛길[새:낄/샌:낄]
빨랫돌[빨래똘/빨랟똘]	콧등[코뜽/콛뜽]
깃발[기빨/긷빨]	대팻밥[대:패빱/대:팯빱]
햇살[해쌀/핻쌀]	뱃속[배쏙/밷쏙]
뱃전[배쩐/밷쩐]	고갯짓[고개찓/고갣찓]

출.좋.포 30 　제30항 사이시옷이 적힌 단어의 발음

사잇소리 현상(원칙) / 음절의 끝소리 규칙 '[ㄷ]' + 된소리되기(허용)

MEMO

Chapter 02 표준어 규정

제12항 | '웃-' 및 '윗-'은 명사 '위'에 맞추어 '윗-'으로 통일한다.

표준어(○)	비표준어(×)	비 고
윗-넓이	웃-넓이	
윗-눈썹	웃-눈썹	
윗-니	웃-니	
윗-당줄✚	웃-당줄	
윗-덧줄✚	웃-덧줄	
윗-도리	웃-도리	
윗-목	웃-목	
윗-바람	웃-바람	
윗-변	웃-변	수학 용어
윗-수염	웃-수염	
윗-입술	웃-입술	
윗-잇몸	웃-잇몸	
윗-자리	웃-자리	
윗-중방✚	웃-중방	

✚ 윗당줄: 망건당(망건의 윗부분)에 꿴 당줄

✚ 윗덧줄: 악보의 오선(五線) 위에 덧붙여 그 이상의 음높이를 나타내기 위하여 짧게 긋는 줄

✚ 윗중방: 창문 위 또는 벽의 위쪽 사이에 가로지르는 인방

다만 1. 된소리나 거센소리 앞에서는 '위-'로 한다.

표준어(○)	비표준어(×)	비 고
위-짝	웃-짝	
*위-쪽	웃-쪽	
위-채	웃-채	
*위-층	웃-층	
위-치마	웃-치마	
*위-턱	웃-턱	위턱구름[上層雲]
*위-팔	웃-팔	

다만 2. '아래, 위'의 대립이 없는 단어는 '웃-'으로 발음되는 형태를 표준어로 삼는다.

표준어(○)	비표준어(×)	비 고
웃-국✚	윗-국	
웃-기✚	윗-기	
웃-돈✚	윗-돈	
웃-비✚	윗-비	웃비걷다
웃-어른	윗-어른	
웃-옷✚	윗-옷	

◉ '위'와 '아래'의 대립이 없는 단어는 '웃-'의 형태를 표준어로 삼는다는 조항이다.

✚ **웃국**: 간장이나 술 따위를 담가서 익힌 뒤에 맨 처음에 떠낸 진한 국
✚ **웃기**: 떡, 포, 과일 따위를 괸 위에 모양을 내기 위하여 얹는 재료
✚ **웃돈**: 본래의 값에 덧붙이는 돈
✚ **웃비**: 아직 우기(雨氣)는 있으나 좍좍 내리다가 그친 비
✚ **웃옷**: 맨 겉에 입는 옷. '윗옷(상의)'은 '아래옷(하의)'의 반대임.

출.좋.포 31 제12항 '웃, 위/윗'

1. 웃 : '위, 아래'의 대립이 없음.

   ❶________에 ❷________가 내리면 ❸________들이 ❹______는다.

2. 위/윗 : '위, 아래'의 대립이 있음.
   위 : '❺________소리, ❻______소리' 앞
   윗 : 나머지

출좋포 정답

❶ 국기 ❷ 돈비
❸ 어른 ❹ 옷
❺ 거센 ❻ 된

제4절 **복수 표준어**

제26항| 한 가지 의미를 나타내는 형태 몇 가지가 널리 쓰이며 표준어 규정에 맞으면, 그 모두를 표준어로 삼는다.

복수 표준어(○)	비 고
*가엾다/가엽다	가엾어/가여워, 가엾은/가여운
*서럽다/섧다	'설다'는 비표준어임. 모두 'ㅂ' 불규칙 용언이다.
*여쭈다/여쭙다	여쭈어/여쭈워
*연-달다/잇-달다/잇따르다	'잇달다'가 타동사로 쓰이는 경우에는 복수 표준어가 될 수 없다.

혜선쌤의 야매꼼수

✔ 복수 표준어의 활용
① '가엾다'는 '가엾어, 가엾으니'와 같이 활용하는 규칙 활용 용언이다. '가엽다'는 '가여워, 가여우니'와 같이 활용하는 'ㅂ' 불규칙 활용 용언이다.
② '서럽다'는 '서러워, 서러우니'와 같이 활용하고 '섧다'는 '설워, 설우니'와 같이 활용하므로 둘 다 'ㅂ' 불규칙 활용 용언이다.
③ '여쭙다'는 '여쭈워, 여쭈우니'와 같이 활용하는 'ㅂ' 불규칙 활용 용언이다. '여쭈다'는 '여쭈어(여쭤), 여쭈니'와 같이 규칙 활용한다.

Chapter 03 한글 맞춤법

제1장 | 총칙

제1항| 한글 맞춤법은 표준어를 소리대로 적되, 어법에 맞도록 함을 원칙으로 한다.

출.종.포 32 제1항

1. 한글 맞춤법은 표준어를 소리대로 적되,

   (= ❶ ______________이 표기에 반영됨, ❷ ____________을 밝혀 적음.)

   예 수캉아지,

   익명,

   바느질,

   씁쓸하다

2. 어법에 맞도록 함을 원칙으로 한다. (= ❸ ____________을 밝혀 적음.)

   예 [꽃] – 꽃이[꼬치], 꽃을[꼬츨], 꽃에[꼬체]

   [꼰] – 꽃나무[꼰나무], 꽃놀이[꼰노리], 꽃망울[꼰망울]

   [꼳] – 꽃과[꼳꽈], 꽃다발[꼳따발], 꽃밭[꼳빧]

출종포 정답

❶ 음운 변동 ❷ 표준 발음
❸ 원형

제3절 **두음 법칙**

출.좀.포 33   두음 법칙

1. 한자어 두음에 'ㄴ, ㄹ' 뒤에 'ㅣ, 반모음 ㅣ'가 오는 경우에는 탈락된다.

여자(女子)	연세(年歲)	요소(尿素)
유대(紐帶)	이토(泥土)	익명(匿名)
양심(良心)	역사(歷史)	예의(禮儀)
용궁(龍宮)	유행(流行)	이발(理髮)

2. 한자어 두음에 'ㄹ' 뒤에 단모음('ㅣ' 제외)이 오는 경우에는 'ㄹ'이 'ㄴ'으로 교체된다.

낙원(樂園)	내일(來日)	노인(老人)
뇌성(雷聲)	누각(樓閣)	능묘(陵墓)

3. 접두사처럼 쓰이는 한자가 붙어서 된 단어는 뒷말을 두음 법칙에 따라 적는다.

신-여성(新女性)	공-염불(空念佛)	남존-여비(男尊女卑)
역-이용(逆利用)	연-이율(年利率)	열-역학(熱力學)
내-내월(來來月)	상-노인(上老人)	중-노동(重勞動)
실-낙원(失樂園)	비-논리적(非論理的)	

4. 외자인 이름, 외자가 아닌 이름

   예 채윤/채륜, 하윤/하륜

출.좀.포 34   '모난 유희열'과 '양(量) / 난(欄) / 능(陵)'

음운론적 환경	모음, 'ㄴ' 받침	열/율	예 나열. 분열, 실패율, 백분율
	'ㄴ'을 제외한 받침	렬/률	예 행렬, 직렬, 합격률, 체지방률
어휘론적 환경	고유어, 외래어	양/난/능	예 구름-양(量), 허파숨-양(量), 먹이-양(量), 벡터(vector)-양(量), 에너지(energy)-양(量), 어머니-난(欄), 가십(gossip)-난(欄), 어린이-난(欄), 아기-능(陵)
	한자어	량/란/릉	예 운행-량(運行量), 수출-량(輸出量), 공-란(空欄), 투고-란(投稿欄), 동구-릉(東九陵), 서오-릉(西五陵)

제30항 | 사이시옷은 다음과 같은 경우에 받치어 적는다.

1. 순우리말로 된 합성어로서 앞말이 모음으로 끝난 경우

(1) 뒷말의 첫소리가 된소리로 나는 것

고랫재✦	귓밥✦	나룻배	나뭇가지
냇가	댓가지	뒷갈망✦	맷돌
머릿기름✦	모깃불	못자리	바닷가
뱃길	볏가리✦	부싯돌	선짓국
쇳조각	아랫집	우렁잇속✦	잇자국
잿더미	조갯살	찻집	쳇바퀴
킷값	핏대	햇볕	혓바늘

(2) 뒷말의 첫소리 'ㄴ, ㅁ' 앞에서 'ㄴ' 소리가 덧나는 것

멧나물	아랫니	텃마당	아랫마을
뒷머리	잇몸	깻묵	냇물
빗물	양칫물		

(3) 뒷말의 첫소리 모음 앞에서 'ㄴㄴ' 소리가 덧나는 것

도리깻열✦	뒷윷	두렛일	뒷일
뒷입맛	베갯잇	욧잇	깻잎
나뭇잎	댓잎		

2. 순우리말과 한자어로 된 합성어로서 앞말이 모음으로 끝난 경우

(1) 뒷말의 첫소리가 된소리로 나는 것

귓병(-病)	머릿방(-房)✦	뱃병(-病)	봇둑(洑-)✦
사잣밥(使者-)✦	샛강(-江)	아랫방(-房)	자릿세(-貰)
전셋집(傳貰-)	찻잔(-盞)	찻종(-鍾)✦	촛국(醋-)✦
콧병(-病)	탯줄(胎-)	텃세(-貰)	핏기(-氣)
햇수(-數)	횟가루(灰-)	횟배(蛔-)	

(2) 뒷말의 첫소리 'ㄴ, ㅁ' 앞에서 'ㄴ' 소리가 덧나는 것

곗날(契-)	제삿날(祭祀-)	훗날(後-)	툇마루(退-)

(3) 뒷말의 첫소리 모음 앞에서 'ㄴㄴ' 소리가 덧나는 것

가욋일(加外-)✦	사삿일(私私-)✦	예삿일(例事-)	훗일(後-)

3. 한자 + 한자(사이시옷)

툇간(退間)	곳간(庫間)	셋방(貰房)	찻간(車間)
횟수(回數)	숫자(數字)		

✦ **고랫재**: 방고래(방 구들장 밑으로 낸 고랑)에 모여 쌓여 있는 재
✦ **귓밥(귓불)**: 귓바퀴의 아래쪽으로 늘어진 살
✦ **뒷갈망**: 일의 뒤끝을 맡아서 처리하는 일. 뒷감당
✦ **머릿기름**: 머리털에 바르는 기름
✦ **볏가리**: 벼를 베어서 가려 놓거나 볏단을 차곡차곡 쌓은 더미
✦ **우렁잇속**: 내용이 복잡하여 헤아리기 어려운 일을 비유적으로 이르는 말
✦ **도리깻열**: 도리깨의 한 부분. 곧고 가느다란 나뭇가지 두세 개로 만들며, 이 부분을 아래로 돌리어 곡식을 두드려 낟알을 떤다.
✦ **머릿방(-房)**: 안방의 뒤에 달려 있는 방
✦ **봇둑(洑-)**: 보(흐르는 냇물을 가두어 놓은 곳)를 둘러쌓은 둑
✦ **사잣밥(使者-)**: 초상집에서 죽은 사람의 넋을 부를 때 저승사자에게 대접하는 밥
✦ **찻종(-鍾)**: 차를 따라 마시는 종지. 찻잔
✦ **촛국(醋-)**: 초를 친 냉국
✦ **가욋일(加外-)**: 필요 밖의 일
✦ **사삿일(私私-)**: 개인의 사사로운 일

출.좋.포 35 제30항 사이시옷의 조건

1. 적어도 하나의 (❶__________)
   모두 (❷__________)라면 사이시옷을 못 붙인다.
   > 예 유리잔(琉璃盞), 소주잔(燒酒盞), 맥주잔(麥酒盞), 장미과(薔薇科), 화병(火病), 포도과(葡萄科), 초점(焦點), 전세방(傳貰房), 개수(個數), 마구간(馬廐間), 수라간(水剌間), 도매금(都賣金)

● 예외 6가지가 있음
   > 예 툇간(退間), 곳간(庫間), 셋방(貰房), 찻간(車間), 횟수(回數), 숫자(數字)

2. (❸________________)이 일어남.
   (❸________________)이 일어나지 않으면 사이시옷을 못 붙인다.

● 사잇소리 현상은?
   ① ❹__________
   ② '❺_______' 덧남
   ③ '❻_______' 덧남

● 사잇소리 현상이 일어나지 않은 예외
   > 예 인사말[인사말], 머리말[머리말], 꼬리말[꼬리말], 유리잔[유리잔], 고무줄[고무줄], 초가집[초가집], 소나기밥[소나기밥]

혜선쌤의 야매꼽수

● 한자＋한자임에도 사이시옷 표기되는 예외
  : 퇴! 고세 차를 회수하나?
   (개 ×)

출.좋.포 36 고유어가 하나 있으면 사이시옷 추가 가능성이 높아진다.

알아두면 좋을 고유어들
- **값** : 절댓값[절때깝/절땐깝], 덩칫값[덩치깝/덩친깝], 죗값[좌:깝/줻:깝]
- **길** : 등굣길[등교낄/등굗낄], 혼삿길[혼사낄/혼삳낄], 고갯길[고개낄/고갣낄]
- **집** : 맥줏집[맥쭈찝/맥쭏찝], 횟집[회:찝/줻:찝], 부잣집[부:자찝/부:잗찝]
- **빛** : 장밋빛[장미삗/장믿삗], 보랏빛[보라삗/보랃삗], 햇빛[해삗/핻삗]
- **말** : 혼잣말[혼잔말], 시쳇말[시첸말], 노랫말[노랜말]
- **국** : 만둣국[만두꾹/만둗꾹], 고깃국[고기꾹/고긷꾹], 북엇국[부거꾹/부걷꾹]

제34항 모음 'ㅏ, ㅓ'로 끝난 어간에 '−아/−어, −았−/−었−'이 어울릴 적에는 준 대로 적는다.

붙임1 'ㅐ, ㅔ' 뒤에 '−어, −었−'이 어울려 줄 적에는 준 대로 적는다.

개어 → 개	내어 → 내	베어 → 베
세어 → 세	개었다 → 갰다	내었다 → 냈다
베었다 → 벴다	세었다 → 셌다	

출.좋.포 37 제34항 붙임 1

❼______, ❽______ + ❾______ = '❿______' 탈락

출좋포 정답

❶ 고유어 ❷ 한자어
❸ 사잇소리 현상
❹ 된소리되기 ❺ ㄴ ❻ ㄴㄴ
❼ ㅔ ❽ ㅐ ❾ ㅓ ❿ ㅓ

 '하여'가 한 음절로 줄어서 '해'로 될 적에는 준 대로 적는다.

하여 → 해　　　　더하여 → 더해　　　　흔하여 → 흔해

하였다 → 했다　　　더하였다 → 더했다　　흔하였다 → 흔했다

출.좋.포 38　　제34항 붙임 2

하+여 = ❶ ________

제35항 | 모음 'ㅗ, ㅜ'로 끝난 어간에 '－아/－어, －았－/－었－'이 어울려 'ㅘ/ㅝ, ㅘㅆ/ㅝㅆ'으로 될 적에는 준 대로 적는다.

꼬아 → 꽈　　　　보아 → 봐　　　　쏘아 → 쏴　　　　두어 → 둬

쑤어 → 쒀　　　　주어 → 줘　　　　꼬았다 → 꽜다　　보았다 → 봤다

쏘았다 → 쐈다　　두었다 → 뒀다　　쑤었다 → 쒔다　　주었다 → 줬다

● **'놓이다'의 준말 '뇌다'**
'놓이어'가 줄어진 형태는 '뇌어'가 아니라 '놓여'로 적는다.

붙임1 '놓아'가 '놔'로 줄 적에는 준 대로 적는다.

붙임2 'ㅚ' 뒤에 '－어, －었－'이 어울려 'ㅙ, ㅙㅆ'으로 될 적에도 준 대로 적는다.

괴어 → 괘　　　　　　되어 → 돼　　　　　　뵈어 → 봬

쐬어 → 쐐　　　　　　괴었다 → 괬다　　　　되었다 → 됐다

● **굳어진 '띄어쓰기, 띄어 쓰다, 띄어 놓다'**
관용상 '뜨여쓰기, 뜨여 쓰다, 뜨여 놓다' 같은 형태가 사용되지 않는다.

쇠었다 → 쉜다　　　　쐬었다 → 쐤다　　　　꾀었다 → 꽸다

쬐었다 → 쬈다　　　　사뢰었다 → 사뢨다　　되뇌었다 → 되뇄다

쇠어 → 쇄　　　　　　뵈었다 → 뵀다

출.좋.포 39　　제35항 모음 축약

ㅚ+ㅓ = ❷ ____ (모음 축약)

• 되다: 이렇게 만나게 돼서(← ❸ __________) 반갑다.

　뵈다: 오랜만에 부모님을 봬서(← ❹ __________) 기뻤다.

　예　2022년에 공무원이 돼요(← 되어요).

　　　그럼 내일 함께 부모님을 ❺ __________(← 뵈어요).

　　　어느덧 가을이 됐다(← 되었다).

　　　어제 부모님을 뵀다(← 뵈었다).

출좋포 정답

❶ 해　❷ 놰　❸ 되어서
❹ 뵈어서　❺ 봬요

제40항 | 어간의 끝음절 '하'의 'ㅏ'가 줄고 'ㅎ'이 다음 음절의 첫소리와 어울려 거센소리로 될 적에는 거센소리로 적는다.

거북하지 → 거북지 생각하건대 → 생각건대
생각하다 못하여 → 생각다 못해 깨끗하지 않다 → 깨끗지 않다
넉넉하지 않다 → 넉넉지 않다 못하지 않다 → 못지않다
섭섭하지 않다 → 섭섭지 않다 익숙하지 않다 → 익숙지 않다

출.좋.포 40   제40항 '하'의 준말

1. 어간의 끝 음절 '하'가 ❶______________(ㄱ, ㄷ, ㅂ, ㅅ 등) 뒤에서 아예 탈락된다.
   예 생각하+지 않다, 답답하+지 않다 = 답답잖다

2. 어간의 끝 음절 '하'가 ❷__________(모음, ㄴ, ㄹ, ㅁ, ㅇ) 뒤에서 'ㅏ'만 탈락한다.
   예 편하+지 않다=편찮다, 변변하+지 않다=변변찮다

3. 단, '서슴다, 삼가다'는 '❸________, ❹________'로 활용된다.

제39항 | 어미 '-지' 뒤에 '않-'이 어울려 '-잖-'이 될 적과 '-하지' 뒤에 '않-'이 어울려 '-찮-'이 될 적에는 준 대로 적는다.

그렇지 않은 → 그렇잖은 적지 않은 → 적잖은
만만하지 않다 → 만만찮다 변변하지 않다 → 변변찮다
달갑지 않다 → 달갑잖다 마뜩잖다 → 마뜩하지 않다
오죽하지 않다 → 오죽잖다 당찮다 → 당하지 않다
*시답잖다 → 시답지 않다 편찮다 → 편하지 않다

◉ '-스럽-+-이'='-스레'
예 '사랑스럽-+-이'='사랑스레'
　 '천연스럽-+-이'='천연스레'

출.좋.포 41   제39항 '잖, 찮'

'잖', '찮'은 반드시 '❺______', '❻______'으로 표기해야 한다.

제56항 | '-더라, -던'과 '-든지'는 다음과 같이 적는다.

1. **지난 일을 나타내는 어미는 '-더라, -던'으로 적는다.**

   지난겨울은 몹시 춥더라. 깊던 물이 얕아졌다.
   그렇게 좋던가? 그 사람 말 잘하던데!
   얼마나 놀랐던지 몰라.

2. **선택의 뜻을 나타내는 조사와 어미는 '-든지'로 적는다.**

   배든지 사과든지 마음대로 먹어라. 가든지 오든지 마음대로 해라.

출좋포 정답

❶ 안울림소리 ❷ 울림소리
❸ 서슴지 ❹ 삼가지
❺ 잖 ❻ 찮

출.좋.포 42   제56항 과거의 '–던' VS 선택의 '–든'

1. ❶__________의 의미 : –던
   예 오랜만에 만났더니 반갑**더**라. / 선생님도 이젠 늙으셨**더**구나.
       그림을 잘 그렸**던**데 여기에 걸자. / 선생님은 교실에 계시**던**걸.

2. ❷__________의 의미 : –든
   예 사과를 먹**든**지 감을 먹**든**지 하렴. / 가**든**(지) 말**든**(지) 상관없다.

제57항 | 다음 말들은 각각 구별하여 적는다.

가름 : 그들의 끈기가 이 경기의 승패를 **가름**했다.

갈음 : 오늘 이것으로 치사를 **갈음**하고자 합니다.

가늠 : 전봇대의 높이를 **가늠**할 수 있겠니?

❗ 가름 : 쪼개거나 나누어 따로따로 되게 하는 일 / 승부나 등수 따위를 정하는 일
   갈음 : 다른 것으로 바꾸어 대신함.
   가늠 : 사물을 어림잡아 헤아리다.

걷잡다 : **걷잡**을 수 없는 상태

겉잡다 : **겉잡아서** 이틀 걸릴 일

❗ 걷잡다 : 한 방향으로 치우쳐 흘러가는 형세 따위를 붙들어 잡다. 마음을 진정하거나 억제하다.
   겉잡다 : 겉으로 보고 대강 짐작하여 헤아리다.

늘이다 : 엿가락(바짓단, 고무줄)을 **늘인다**.

늘리다 : 엿가락(바짓단, 고무줄)의 나머지

❗ 늘이다 : 본디보다 더 길어지게 하다.
   늘리다 : 물체의 부피 따위를 본디보다 커지게 하다. 수나 분량 따위를 본디보다 많아지게 하다.

부딪치다 : 차와 차가 마주 **부딪쳤다**.
             자동차가 가로수에 **부딪쳤다**.

부딪히다 : 마차가 화물차에 **부딪혔다**.
             공공 정책은 강력한 반대에 **부딪혀** 공공 갈등을 유발한다.

❗ 부딪치다 : '부딪다'를 강조
   부딪히다 : '부딪다'의 피동사. 부딪음을 당하다.

혜선쌤의 야매꼽수

◎ '늘이다'를 외우자
  : 엿,바,고

출좋포 정답

❶ 과거 ❷ 선택

(으)로서[자격] : 사람<u>으로서</u> 그럴 수는 없다.

(으)로써[수단] : 닭<u>으로써</u> 꿩을 대신했다.

❶ (으)로서 : '지위나 신분, 자격'
 (으)로써 : '재료, 수단, 도구'
❶ 한편 '(으)로써'는 '어떤 일의 기준이 되는 시간'의 의미로 쓰이기도 한다.

❷ '로서, 로써'의 주변 의미
 • 로서 : ㅅ, ㅂ
 • 로써 : ㅆ, ㄲ

결제(決濟) : 그 회사는 어음을 **결제**하지 못해 부도 처리가 됐다.

결재(決裁) : 사장님의 **결재**를 받았다.

❶ 결제(決濟) : 증권이나 대금의 수수(授受)에 의해서 매매 당사자 간의 거래 관계를 끝맺음.
 결재(決裁) : 상관이 부하가 제출한 안건을 검토하여 승인함.

❷ '결재'를 외우자
 : '장'들이 승인하는 것이니
 '재'가 옳다.

구별(區別) : 그 형제는 너무 닮아서 누가 동생이고 누가 형인지 **구별**할 수 없다.

구분(區分) : 문학은 서정 갈래, 서사 갈래, 교술 갈래, 극 갈래로 **구분**할 수 있다.

분류(分類) : 서정 갈래, 서사 갈래, 교술 갈래, 극 갈래를 문학으로 **분류**할 수 있다.

❶ 구별(區別) : 성질이나 종류에 따라 차이가 남. 또는 성질이나 종류에 따라 갈라놓음.
 구분(區分) : 일정한 기준에 따라 나눔.
 분류(分類) : 일정한 기준에 따라 묶음.

경신(更新) : 마라톤 세계 기록 **경신**. 그의 이론은 논리학과 철학에 **경신**을 일으켰다.

갱신(更新) : 카드를 **갱신**하였다. 계약을 **갱신**하였다.

❶ 경신(更新) : 종전의 기록을 깨뜨림. 이미 있던 것을 고쳐 새롭게 함.
 갱신(更新) : 법률관계의 존속 기간이 끝났을 때 그 기간을 연장하는 일

계발(啓發) : 교사는 학생이 잠재된 창의성을 **계발**하도록 해야 한다.

개발(開發) : 경치가 좋은 곳을 관광지로 **개발**하려고 한다.
 교사는 학생이 잠재된 창의성을 **개발**하도록 해야 한다.
 첨단 산업을 **개발**하고 육성하다.

❶ 계발(啓發) : 슬기나 재능, 사상 따위를 일깨워 줌.
 개발(開發) : •토지나 천연자원 따위를 유용하게 만듦.
  •지식이나 재능 따위를 발달하게 함.
  •산업이나 경제 따위를 발전하게 함.
  •새로운 물건을 만들거나 새로운 생각을 내어놓음.

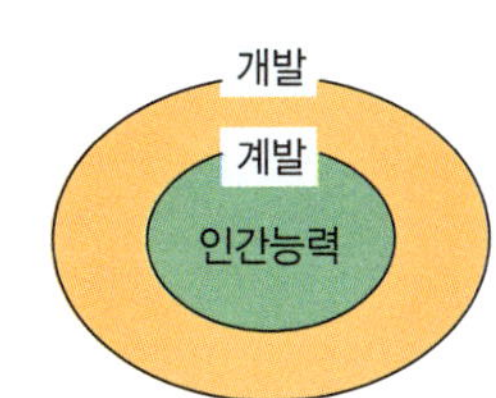

개재(介在) : 이번 협상에는 수많은 변수가 개재되어 있다.

게재(揭載) : 학술지에 논문을 게재하였다

계제(階梯) : 공부에는 밟아야 되는 계제가 있다.
지금은 이것저것 가릴 계제가 아니다.
변명할 계제가 없었다.

❶ 개재(介在) : 어떤 것들 사이에 끼여 있음. '끼어듦', '끼여 있음'
게재(揭載) : (글이나 사진, 그림 따위를) 신문이나 잡지에 실음.
계제(階梯) : • 일이 되어 가는 순서나 절차를 비유적으로 이르는 말
• 어떤 일을 할 수 있게 된 형편이나 기회

지향(志向)하다 : 평화를 지향하다.

지양(止揚)하다 : 흡연을 지양해야 한다.

❶ 지향(志向)하다 : 어떤 목적으로 뜻이 쏠리어 향함.
지양(止揚)하다 : 어떤 것을 하지 않음.

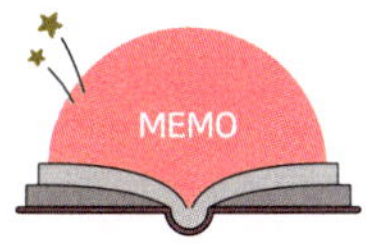

박혜선

주요 약력

고려대학교 국어국문학과 최우수 수석 졸업
고려대학교 국어국문학과 심화 전공
고려대학교 국어국문학과 중등학교 정교사 2 급 자격증
前) 대치, 반포 산에듀 온라인 오프라인 최연소 대표 강사
現) 박문각 공무원 국어 1 타 강사

주요 저서

2025 박문각 공무원 박혜선 국어 기본서 출좋포 독해 · 문학
2025 박문각 공무원 박혜선 국어 기본서 출좋포 문법 · 어휘
2026 박문각 공무원 박혜선 국어 족집게 문법 40 포인트
2025 박문각 공무원 박혜선 국어 독해 신유형 공부(독해신공)
2025 박문각 공무원 박혜선 국어 천기누설 혜선팍 세트형 독해+어휘
2025 박문각 공무원 박혜선 국어 천기누설 혜선팍 논리 추론
2025 박문각 공무원 박혜선 국어 적중용 콤단문 문법(콤팩트한 단원별 문제풀이)
2025 박문각 공무원 박혜선 국어 콤단문 독해(콤팩트한 단원별 문제풀이)
2025 박문각 공무원 박혜선 국어 적중 동형 국가직 · 지방직 봉투모의고사 Vol.1
2025 박문각 공무원 박혜선 국어 족집게 적중노트
2024 박문각 공무원 박혜선 국어 기본서 출좋포 어휘 · 한자
2024 박문각 공무원 박혜선 국어 개념도 새기는 기출 문법
2024 박문각 공무원 박혜선 국어 개념도 새기는 기출 문학&독해
박문각 공무원 박혜선 국어 최단기간 어문 규정
박문각 공무원 박혜선 국어 최단기간 고전 운문
박문각 공무원 박혜선 국어 문법 출 · 좋 · 포 80

박혜선 국어
족집게 문법 ☆☆☆☆☆ 40 포인트

초판 인쇄 2025. 7. 21. | **초판 발행** 2025. 7. 25. | **편저자** 박혜선

발행인 박 용 | **발행처** (주)박문각출판 | **등록** 2015년 4월 29일 제2019-000137호

주소 06654 서울시 서초구 효령로 283 서경 B/D 4층 | **팩스** (02)584-2927

전화 교재 문의 (02)6466-7202

저자와의
협의하에
인지생략

정가 9,000원
ISBN 979-11-7262-764-5